KB177800

지방자치와
주민의 권리

팸플릿
6

LOCAL AUTONOMY AND RESIDENTS RIGHTS

지방자치와 주민의 권리

안상운 지음

자음과모음

지방자치제도란 지역을 중심으로 한 지방자치단체가 그 지역 내의 공동 관심사를 스스로의 책임 아래 처리하는 것이다.

우리나라의 지방자치는 1952년부터 실시되었으나 1961년 5·16 군사 쿠데타로 전면 중단되었다. 1987년 6월 항쟁 이후 성장한 민의를 바탕으로 지방자치에 대한 요구가 증대하자 1991년 30년 만에 기초단위인 군의회와 시·도의회 의원에 대한 선거가 실시되었다. 그 후 1995년 기초단위 단체장, 시장·도지사 등 광역단위 단체장, 기초의회의원, 광역의회의원 등을 직접 선출하는 선거가 실시됨으로써 전면적인 지방자치제가 부활했다. 1999년 이후에는 각종 주민참여제도의 시행을 통해 지방자치제도를 지방행정이라는 소극적 범주에 안주시키지 않고, 하나의 역동적인 정치적 자치운영체계라는 적극적 영역으로 확대시키고 있다.

지방자치단체의 구성원인 주민은 소속 지방자치단체의 재산과 공공시설을 이용할 권리와 그 지방자치단체로부터 균등하게 행정의 혜택을 받을 권리를 가진다. 또한 임기 4년인 지방의회의원 및 지방자치단체장 선거에 참여할 권리가 있다.

그런데 지방자치제도에 있어 주민이 단체장이나 지방의회의원을 직접 선출하는 지방선거도 중요하지만 그에 못지않게 주민참여와 선출된 공직자에 대한 감시 및 견제도 중요하다. 주민참여와 주민 비판이 적절하게 조화와 균형을 이루어야 진정한 의미의 지방자치제가 시행되고 있다고 볼 수 있기 때문이다.

지방자치제도에서 주민참여는 가장 본질적인 요소이다. 구체적으로 주민은 지방자치단체장과 지방의회의원 등 주민대표기관의 선출, 주민참여예산제, 공사감독참여제도, 주민투표권, 조례의 제정과 개폐청구권, 감사청구권, 주민소송제소권, 손해배상금 등의 지불청구권, 변상명령청구권, 주민소환권 등의 행사를 통해 지방자치를 실현하게 된다.

그중 주민투표제란 지방자치단체의 주요 결정사항에 대해서 투표를 통해 주민이 직접 결정하는 제도로서 지방자치단체장은 주민에게 과도한 부담을 주거나 중대한 영향을 미치는 지방자치단체의 주요 결정사항 등에 대하여 주민투표에 부칠 수 있다.

또한 일정 수 이상의 주민들은 해당 지방자치단체장에게 조례를 제정하거나 개정하거나 폐지할 것을 청구할 수 있다. 지방의회는 주민이 청구한 조례안을 반드시 의결할 의무는 없으나 그 결과에 대해서는 정치적인 책임을 져야 한다.

주민감사청구제도는 일정 수 이상의 주민들이 당해 지방정부의 감사대상을 직접 건의하는 제도인데, 주민감사청구 결과 지방자치단체의 위법한 재무회계 행위가 드러나면 주민은 자기의 권리와 이익에 관계없이 그 시정을 법원에 청구하는 주민소송을 제기할 수 있다.

주민소송에서 법원이 해당 지방자치단체장 등에게 손해배상 또는 부당이득반환을 명하는 판결이 확정되면 지방자치단체장은 그 당사자에게 판결에 따라 결정된 손해배상금이나 부당이득반환금의 지불을 청구해야 한다. 만약 지불청구를 받은 자가 기한인 60일 이내에 이를 지불하지 않으면 지방자치단체는 손해배상·부당이득반환을 청구하는 소송을 제기해야 한다.

또한 대의제 민주주의의 문제점을 보완하고자 주민은 그 지방자치단체장 및 지역구 지방의회의원을 소환할 권리가 있다. 투표 결과 주민소환이 확정되면 대상자는 즉시 그 직職을 상실한다.

지방자치제도는 민주주의의 요체이고, 복합적인 현대 사회가 요구하는 정치적 다원주의를 실현시키기 위한 제도적 장치이다.

하지만 아무리 훌륭한 제도를 두고 있더라도 적극 참여하고 널리 활용하는 주민이 없으면 무용지물이다. 지역의 주인인 주민이 스스로의 권리를 찾고 행사할 때 지방자치제도는 참여민주주의participatory democracy와 풀뿌리 민주주의grass-roots democracy가 살아 있는 현장이 될 것이다.

2014년 3월

안상운

I

지방자치제도의 개요

지방자치의 의의와 성격

지방자치제도란 무엇인가. 간단히 말해, 지역을 중심으로 한 지방자치단체가 그 지역의 공동관심사를 스스로의 책임 아래 처리하는 것이다. 이를 통해 국가의 과제를 덜어주고 지역 주민의 자치 역량을 길러 민주정치와 권력분립의 이념을 실현한다. 자유민주적 통치기구의 중요한 조직 원리인 것이다.[1]

헌법 제117조는 "①지방자치단체는 주민의 복리에 관한 사무를 처리하고 재산을 관리하며, 법령의 범위 안에서 자치에 관한 규정을 제정할 수 있다. ②지방자치단체의 종류는 법률로 정한다."고 규정하고 있다.

헌법 제118조에서는 "①지방자치단체에 의회를 둔다.

②지방의회의 조직·권한·의원선거와 지방자치단체의 장의 선임방법 기타 지방자치단체의 조직과 운영에 관한 사항은 법률로 정한다.”고 규정하고 있다.

지방자치법[2]은 지방자치단체의 종류와 조직 및 운영에 관한 사항과 국가와 지방자치단체 사이의 기본적인 관계를 정하고 있다.

지방자치단체의 구성원인 '주민'이란, 지방자치단체의 구역 안에 주소를 가진 자로서 주소를 가지고 있다는 사실에 따라 당연히 주민이 되며, 법인 또는 자연인이나 내·외국인을 불문한다.[3] 공법관계에 있어서 주소는 다른 법률에 특별한 규정이 없는 한 주민등록지이며, 민법상의 생활의 근거 여부는 묻지 않는다.

지방자치에서 주민은, 그 구성원으로서 지방자치단체의 지배를 받는 것과 동시에 단체의 조직·운영에 참여하는 주체자로서의 법적 지위가 동시에 주어진다. 즉, 주민은 지방자치단체의 주체로서, 지방행정의 감시자로서, 지방행정의 객체로서, 지방행정의 비용부담자로서 권리와 의무를 진다.

전통적으로 지방자치는, 주민의 의사에 따라 지방행정을 처리하는 '주민자치'와 국가 내의 일정한 지역을 토대로 독립된 단체가 존재하는 것을 전제로 하여 그 단체의 의회와 기관이 그 사무를 처리하는 '단체자치'를 포함한다.

지방자치는 국민의 기본권이 아닌 헌법상의 제도적 보장으로 이해되고 있다. 즉, 지방자치는 민주주의의 요체이고, 현대의 복합사회가 요구하는 정치적 다원주의를 실현시키기 위한 제도적 장치이다. 지방의 공동 관심사를 자율적으로 처결함과 동시에 주민의 자치역량을 배양하여 국민주권주의와 자유민주주의의 이념구현에 이바지함을 목적으로 하는 제도인 것이다.[4]

지방자치제도의 헌법적 보장은 한마디로 국민주권의 기본원리에서 출발하여 주권의 지역적 주체인 주민에 의하여 자기통치를 실현하는 것으로 요약될 수 있고, 이러한 지방자치의 본질적 내용인 핵심영역(자치단체·자치기능·자치사무의 보장)은 어떠한 경우라도 입법 기타 중앙정부의 침해로부터 보호되어야 한다는 것을 의미한다. 즉 중앙정부의 권력과 지방자치단체 간의 권력의 수직적 분배는 서로 조화가 요청되고 그 조화과정에서 지방자치의 핵심영역은 침해되어서는 안 되는 것이므로, 이와 같은 권력분립적·지방분권적인 기능을 통하여 지역주민의 기본권 보장에도 이바지하는 것이다.[5]

이처럼 지방자치의 본질적 내용은 자치단체의 보장, 자

치기능의 보장 및 자치사무의 보장이고,[6] 우리 헌법상 자치단체의 보장이라 함은 주민자치와 단체자치를 포괄하는 것이다.

한편, 제도적 보장으로서 주민의 자치권은 원칙적으로 개별 주민들에게 인정된 권리는 아니다. 왜냐하면 주민들의 지역에 관한 의사결정에 참여 내지 주민투표에 관한 권리를 인정한다 하더라도 이러한 권리를 헌법이 보장하는 기본권인 참정권이 아니기 때문이다.[7] 따라서 헌법상의 주민자치의 범위는 법률에 의하여 형성되고, 핵심영역이 아닌 한 법률에 의하여 제한될 수 있는 것이다.[8]

지방자치단체는 첫째, '주민의 복리에 관한 고유사무'를 자기 책임 아래 독자적으로 처리할 수 있는 자치기능(자치사무처리기능)과 둘째, 지방자치단체의 '재산을 관리'하며 법령의 범위 안에서 자치활동에 필요한 재정고권과 조세고권을 행사할 수 있는 자치기능(재정자치기능), 셋째, 법령의 범위 안에서 자치에 관한 규정(의회제정조례와 집행기관의 규칙)을 제정할 수 있는 조례고권적 자치기능(자치입법기능) 등을 갖고 있다.[9]

우리나라의 지방자치제도는 1995년 이후 지방자치단체장 직선제의 실시와 1999년 이후 각종 주민참여제의 시행을 통하여 지방행정이라는 소극적 범주에 안주시키지 않고, 하나의 역동적인 정치적 자치운영체계라는 적극적 영역으로 확대시키고 있다.

지방자치단체의 종류

헌법은 지방자치단체의 종류를 법률로 정하도록 규정하고 있을 뿐 지방자치단체의 종류 및 구조를 명시하고 있지 않으므로 이에 관한 사항은 기본적으로 입법자, 즉 국회에게 위임된 것으로 볼 수 있다.

지방자치단체는 크게 광역자치단체인 특별시, 광역시, 특별자치시, 도, 특별자치도와 기초자치단체인 시, 군, 자치구의 두 가지 종류로 구분된다(제2조 제1항). 특별시는 서울특별시를, 광역시는 부산·대구·인천·광주·대전·울산광역시를, 특별자치시는 세종특별자치시를, 도는 경기도·강원도·충청북도·충청남도·전라북도·전라남도·경상북도·경상남도를, 특별자치도는 제주특별자치도를 각각 말한다. 2013년 9월 30일 현재 광역자치단체는 17곳이고 기초자치단체는 227곳이다.[10]

전국 행정구역 현황[11)]

구분 시·도별		시·군·구				행정시· 자치구가 아닌 구		읍·면·동				면적 (km²)	비고
		계	시	군	구	시	구	계	읍	면	동		
계(17)		227	75	83	69	2	33	3,491	216	1,196	2,075	100,267	
특별시	서울	25			25			423			423	605	
광 역 시	부산	16		1	15			214	2	3	209	770	
	대구	8		1	7			139	3	6	130	884	
	인천	10		2	8			147	1	19	127	1,041	
	광주	5			5			94			94	501	
	대전	5			5			78			78	540	
	울산	5		1	4			56	4	8	44	1,060	
특별 자치시	세종							11	1	9	1	465	
도	경기	31	27	4			20	549	32	108	409	10,171	
	강원	18	7	11				193	24	95	74	16,873	
	충북	12	3	9			2	153	15	87	51	7,406	
	충남	15	8	7			2	205	24	137	44	8,204	
	전북	14	6	8			2	241	14	145	82	8,067	
	전남	22	5	17				296	33	196	67	12,266	
	경북	23	10	13			2	331	36	202	93	19,028	
	경남	18	8	10			5	318	20	176	118	10,534	
특별 자치도	제주					2		43	7	5	31	1,849	

- 10개 면(면장 없음): 경기 파주시 군내·진동·장단·진서면, 강원 고성군 수동면, 철원군 근북·원남·원동·임남·근동면.
- 면적: 미복구지역 면적 312.36km² 총면적에 포함.

전국 토지의 면적은 농촌(89.5%)이 도시(10.5%)보다 훨씬 넓으나 인구는 도시(81.3%)가 농촌(18.7%)보다 압도적으로 많다.[12]

인구별

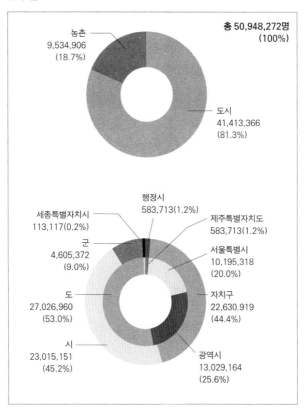

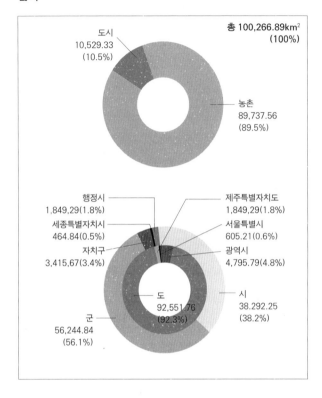

총 100,266.89km² (100%)

도시 10,529.33 (10.5%)

농촌 89,737.56 (89.5%)

행정시 1,849.29(1.8%)

세종특별자치시 464.84(0.5%)

자치구 3,415.67(3.4%)

군 56,244.84 (56.1%)

도 92,551.76 (92.3%)

제주특별자치도 1,849.29(1.8%)

서울특별시 605.21(0.6%)

광역시 4,795.79(4.8%)

시 38,292.25 (38.2%)

광역자치단체는 정부의 직할로 두고, 기초자치단체인 시는 도의 관할 구역 안에, 군은 광역시, 특별자치시나 도의 관할 구역 안에 두며, 자치구는 특별시와 광역시, 특별자치시의 관할 구역 안에 둔다. 지방자치단체인 자치구는 특별시와 광역시의 관할 구역 안의 구만을 말하며, 자치구의 자치권의 범위는 법령으로 정하는 바에 따라 시·군과 다르게 할 수 있다.

특별시·광역시 및 특별자치시가 아닌 인구 50만 이상의 시에는 자치구가 아닌 구를 둘 수 있고, 군에는 읍·면을 두며, 시와 구에는 동을, 읍·면에는 리를 둔다. 다만, 도농복합도시에는 도시의 형태를 갖춘 지역에는 동을, 그 밖의 지역에는 읍·면을 두되, 자치구가 아닌 구를 둘 경우에는 그 구에 읍·면·동을 둘 수 있다.

지방자치단체는 모두 법인이다(제3조 제1항). 국가와는 별도의 법인격이 부여된 것이다.

헌법상 지방자치제도의 보장이란, 지방자치단체에 의한 자치행정을 일반적으로 보장한다는 것이고 특정자치단체의 존속을 보장한다는 것은 아니다.[13] 현행법에 따른 지방자치단체의 중층구조 또는 지방자치단체로서 광역자치단체와 함께 기초자치단체를 계속하여 존속하도록 할지 여부는 결국 국회의 입법형성권에 달려 있다. 일정 구역에 한하여 모든 자치단체를 전면적으로 폐지하거나 지방자치단체가 수행해온 자치사무를 국가의 사무로 이관하는 것이 아니라면 당해 지역 내의 기초지방자치단체인 시·군·구를 모두 폐지하여 중층구조를 단층화히는 깃 역시 국회의 선택 범위에 들어가는 것이다.

한편 서울특별시의 지위·조직 및 운영에 대하여는 '서울특별시 행정 특례에 관한 법률'에서 수도로서의 특수성을 고려하여 여러 가지 특례를 두고 있다.

세종특별자치시와 제주특별자치도의 지위·조직 및 행정·재정 등의 운영에 대하여도 각각 '세종특별자치시 설치 등에 관한 특별법'과 '제주특별자치도 설치 및 국제자유도시 조성을 위한 특별법'에서 행정체제의 특수성을 고려하여 특례를 두고 있다.

서울특별시와 광역시를 제외한 인구 50만 이상 대도시의 행정, 재정운영 및 국가의 지도·감독에 대하여는 그 특성을 고려하여 관계 법률로 정하는 바에 따라 특례를 둘 수 있다.

지방자치단체의 사무범위

지방자치단체는 관할 구역의 자치사무와 법령에 따라 지방자치단체에 속하는 사무(위임사무)를 처리한다(제9조 제1항).[14]

1. 지방자치단체의 구역, 조직, 행정관리 등에 관한 사무	가. 관할 구역 안 행정구역의 명칭·위치 및 구역의 조정 나. 조례·규칙의 제정·개정·폐지 및 그 운영·관리 다. 산하 행정기관의 조직관리 라. 산하 행정기관 및 단체의 지도·감독 마. 소속 공무원의 인사·후생복지 및 교육 바. 지방세 및 지방세 외 수입의 부과 및 징수 사. 예산의 편성·집행 및 회계감사와 재산관리 아. 행정장비관리, 행정전산화 및 행정관리개선 자. 공유재산관리 차. 가족관계등록 및 주민등록 관리 카. 지방자치단체에 필요한 각종 조사 및 통계의 작성
2. 주민의 복지증진에 관한 사무	가. 주민복지에 관한 사업 나. 사회복지시설의 설치·운영 및 관리 다. 생활이 곤궁한 자의 보호 및 지원 라. 노인·아동·심신장애인·청소년 및 여성의 보호와 복지증진 마. 보건진료기관의 설치·운영 바. 전염병과 그 밖의 질병의 예방과 방역 사. 묘지·화장장 및 납골당의 운영·관리 아. 공중접객업소의 위생을 개선하기 위한 지도 자. 청소, 오물의 수거 및 처리 차. 지방공기업의 설치 및 운영
3. 농림·상공업 등 산업 진흥에 관한 사무	가. 소류지·보 등 농업용수시설의 설치 및 관리 나. 농산물·임산물·축산물·수산물의 생산 및 유통지원 다. 농업자재의 관리 라. 복합영농의 운영·지도 마. 농업 외 소득사업의 육성·지도 바. 농가 부업의 장려 사. 공유림 관리 아. 소규모 축산 개발사업 및 낙농 진흥사업 자. 가축전염병 예방 차. 지역산업의 육성·지원

	카. 소비자 보호 및 저축 장려 타. 중소기업의 육성 파. 지역특화산업의 개발과 육성·지원 하. 우수토산품 개발과 관광민예품 개발
4. 지역개발과 주민의 생활환경시설의 설치·관리에 관한 사무	가. 지역개발사업 나. 지방 토목·건설사업의 시행 다. 도시계획사업의 시행 라. 지방도, 시군도의 신설·개수 및 유지 마. 주거생활환경 개선의 장려 및 지원 바. 농촌주택 개량 및 취락구조 개선 사. 자연보호활동 아. 지방1급하천, 지방2급하천 및 소하천의 관리 자. 상수도·하수도의 설치 및 관리 차. 간이급수시설의 설치 및 관리 카. 도립공원·군립공원 및 도시공원, 녹지 등 관광·휴양 　　시설의 설치 및 관리 타. 지방 궤도사업의 경영 파. 주차장·교통표지 등 교통편의시설의 설치 및 관리 하. 재해대책의 수립 및 집행 거. 지역경제의 육성 및 지원
5. 교육·체육 문화·예술의 진흥에 관한 사무	가. 유아원·유치원·초등학교·중학교·고등학교 및 이에 　　준하는 각종 학교의 설치·운영·지도 나. 도서관·운동장·광장·체육관·박물관·공연장·미술 　　관·음악당 등 공공교육·체육·문화시설의 설치 및 관 　　리 다. 지방문화재의 지정·보존 및 관리 라. 지방문화·예술의 진흥 마. 지방문화·예술단체의 육성
6. 지역민방위 및 지방소방에 관한 사무	가. 지역 및 직장 민방위조직(의용소방대를 포함한다)의 　　편성과 운영 및 지도·감독 나. 지역의 화재예방·경계·진압·조사 및 구조·구급

반면 지방자치단체는 법률에 다른 규정이 없으면 국가사무를 처리할 수 없다.

국가사무에는 ①외교, 국방, 사법, 국세 등 국가의 존립에 필요한 사무, ②물가정책, 금융정책, 수출입정책 등 전국적으로 통일적 처리를 요하는 사무, ③농산물·임산물·축산물·수산물 및 양곡의 수급조절과 수출입 등 전국적 규모의 사무, ④국가종합경제개발계획, 국가하천, 국유림, 국토종합개발계획, 지정항만, 고속국도·일반국도, 국립공원 등 전국적 규모나 이와 비슷한 규모의 사무, ⑤근로기준, 측량단위 등 전국적으로 기준을 통일하고 조정해야 할 필요가 있는 사무, ⑥우편, 철도 등 전국적 규모나 이와 비슷한 규모의 사무, ⑦고도의 기술을 요하는 검사·시험·연구, 항공관리, 기상행정, 원자력개발 등 지방자치단체의 기술과 재정능력으로 감당하기 어려운 사무 등이 있다(제11조).

한편 광역자치단체는 ①행정처리 결과가 두 개 이상의 기초자치단체에 미치는 광역적 사무, ②광역자치단체 단위로 동일한 기준에 따라 처리되어야 할 성질의 사무, ③지역적 특성을 살리면서 광역자치단체 단위로 통일성을 유지할 필요가 있는 사무, ④국가와 기초자치단체 사이의 연락·조정 등의 사무, ⑤기초자치단체가 독자적으로 처리하기에 부적당한 사무, 두 개 이상의 기초자치단체가 공동으로 설치하는 것이 적당하다고 인정되는 규모의 시설을 설치하고 관리하는 사무를 관장한다.

반면 기초자치단체의 사무는 광역자치단체가 처리하는 것으로 되어 있는 사무를 제외한 사무인데, 인구 50만 이상의 시에 대하여는 도가 처리하는 사무의 일부를 직접 처리하게 할 수 있다.

지방자치단체는 그 사무를 처리할 때 주민의 편의와 복리증진을 위하여 노력해야 한다. 또한 조직과 운영을 합리적으로 하고 그 규모를 적정하게 유지해야 하며, 법령이나 상급 지방자치단체의 조례를 위반하여 그 사무를 처리할 수 없다.

지방의회

지방자치단체마다 의결기관으로서 주민의 대의기관인 지방의회가 설치되어 있다(제30조).

주민은 보통 · 평등 · 직접 · 비밀선거에 따라 임기 4년인 지방의회의원을 선출한다. 지방의회는 의원 중에서 광역자치단체 의회의 경우에는 의장 1명과 부의장 2명을, 기초자치단체 의회의 경우에는 의장과 부의장 각 1명을 무

기명투표로 선거한다. 의장과 부의장의 임기는 2년이다.

지방의회의 의장은 의회를 대표하고 의사議事를 정리하며, 회의장 내의 질서를 유지하고 의회의 사무를 감독한다.

지방의회는 매년 2회 정례회를 개최한다. 정례회의 집회일, 그 밖에 정례회의 운영에 관하여 필요한 사항은 해당 지방자치단체의 조례로 정한다. 지방의회의장은 지방자치단체장이나 재적의원 3분의 1 이상의 의원이 요구하면 15일 이내에 임시회를 소집해야 한다. 임시회의 소집은 집회일 3일 전에 공고해야 하나 긴급할 때에는 바로 소집할 수 있다.

지방의회는 ①조례의 제정·개정 및 폐지, ②예산의 심의·확정, ③결산의 승인, ④법령에 규정된 것을 제외한 사용료·수수료·분담금·지방세 또는 가입금의 부과와 징수, ⑤기금의 설치·운용, ⑥대통령령[15]으로 정하는 중요 재산의 취득·처분, ⑦대통령령으로 정하는 공공시설의 설치·처분, ⑧법령과 조례에 규정된 것을 제외한 예산 외의 의무부담이나 권리의 포기, ⑨청원의 수리와 처리, ⑩외국 지방자치단체와의 교류협력에 관한 사항, ⑪그 밖에 법령에 따라 그 권한에 속하는 사항을 의결한다(제39조 제1항). 지방자치단체는 이외에도 조례로 정하는 바에 따라 지방의회에서 의결되어야 한 사항을 따로 정할 수 있디. 지방자치단체장이 지방의회에 부의할 안건은 긴급한 안건이 아니면 지방자치단체장이 미리 공고해야 한다.

지방의회의 개회·휴회·폐회와 회기는 지방의회가 의결로 정하고, 연간 회의 총일수와 정례회 및 임시회의 회기는 해당 지방자치단체의 조례로 정한다(제47조).

지방의회는 재적의원 3분의 1 이상의 출석으로 개의한다(제63조 제1항). 회의 중 정족수에 미치지 못할 때에는 의장은 회의를 중지하거나 산회를 선포한다.

지방의회에서 의결할 의안은 지방자치단체장이나 재적의원 5분의 1 이상 또는 의원 10명 이상의 연서로 발의하여 의장에게 제출해야 한다. 의결 사항은 지방자치법에 특별히 규정된 경우 외에는 재적의원 과반수의 출석과 출석의원 과반수의 찬성으로 의결한다(제64조 제1항). 지방의회에 제출된 의안이 회기 중 의결되지 못한다 해서 폐기되는 것은 아니나, 지방의회의원의 임기가 끝나는 경우에는 폐기된다. 지방의회에서 부결된 의안은 같은 회기 중에 다시 발의하거나 제출할 수 없다. 지방의회의 의장이나 의원은 본인·배우자·직계존비속 또는 형제자매와 직접 이해관계가 있는 안건에 관해선 그 의사에 참여할 수 없으나 의회의 동의가 있으면 의회에 출석해 발언할 수 있다.

한편 지방의회는 매년 1회 그 지방자치단체의 사무에 대하여 광역자치단체에서는 14일의 범위에서, 기초자치단체에서는 9일의 범위에서 감사(행정사무감사)를 실시하고, 지방자치단체의 사무 중 특정 사안에 관하여 본회의 의결로 본회의나 위원회에서 조사하게 할 수 있다(제41조 제1항). 지방자치단체와 그 단체장이 위임받아 처리하는 국가사무와 광역자치단체의 사무에 대하여는 국회와 광역자치단체의 의회가 직접 감사하기로 한 사무 외에는 각각 해당 광역자치단체의 의회와 해당 기초자치단체의 의회가 감사할 수 있다(제41조 제3항).

지방의회의 회의는 공개한다. 다만, 의원 3명 이상이 발의하고 출석의원 3분의 2 이상이 찬성한 경우 또는 의장이 사회의 안녕질서 유지를 위하여 필요하다면 공개하지 않을 수 있다. 지방의회는 회의록을 작성하고 회의의 진행내용 및 결과와 출석의원의 성명을 적어야 한다.

지방의회의원은 공공의 이익을 우선하여 양심에 따라 그 직무를 성실히 수행해야 하고, 청렴의 의무를 지며, 의원으로서의 품위를 유지해야 한다. 또한 그 지위를 남용하여 지방자치단체·공공단체 또는 기업체와의 계약이나 그 처분에 의하여 재산상의 권리·이익 또는 직위를 취득하거나 타인을 위하여 그 취득을 알선해서는 안 된다. 지방의회의 의원은 본회의나 위원회에서 타인을 모욕하거나 타인의 사생활에 대하여 발언해서두 안 된다. 본회의나 위원회에서 모욕을 당한 의원은 모욕을 한 의원에 대하여 지방의회에 징계를 요구할 수 있다. 지방의회의 의원은 회의 중에 폭력을 행사하거나 소란한 행위를 하여 타인의 발언을 방해할 수 없으며, 의장이나 위원장의 허가 없이 연단이나 단상에 올라가서도 안 된다.

지방자치단체장

특별시에 특별시장, 광역시에 광역시장, 특별자치시에 특별자치시장, 도와 특별자치도에 도지사를 두고, 시에 시장, 군에 군수, 자치구에 구청장을 둔다(제93조).

주민은 보통·평등·직접·비밀선거에 따라 임기 4년인 지방자치단체장을 선출한다(제94조). 지방자치단체장의 계속 재임은 3기에 한한다(제95조).

지방자치단체장은 지방자치단체를 대표하고, 그 사무(자치사무 및 위임사무)를 총괄한다(제101조). 광역자치단체와 기초자치단체에서 시행하는 국가사무는 법령에 다른 규정이 없으면 광역자치단체장과 시장·군수 및 자치구의 구청장에게 위임하여 행한다(제102조). 지방자치단체장은 그 지방자치단체의 사무와 법령에 따라 그 지방자치단체장에게 위임된 사무를 관리하고 집행한다(제103조).

위임사무에는 기관위임사무와 단체위임사무로 구분된

다. 기관위임사무는 국가가 지방자치단체의 기관(즉, 지방자치단체장)에 사무를 위임하는 사무를 말하고, 단체위임사무는 지방자치단체가 법령에 의하여 국가 또는 다른 공공단체로부터 위임받아 행하는 사무를 말한다.

위임된 이상 지방자치단체의 사무로서 처리해야 하는 점에서 고유사무와 다를 바 없으나 위임을 할 때에는 반드시 개별적인 법적 근거가 있어야 하고 경비를 위임자인 국가나 다른 공공단체가 부담하는 점에서 자치사무와 다르다. 국가위임사무는 기관위임사무가 일반적인 것이며 단체위임사무는 예외적인 경우에 한하고 있다.[16]

법령에서 지방자치단체장이 처리하도록 규정하고 있는 사무가 자치사무인지 아니면 기관위임사무인지를 판단할 때는 그에 관한 법령의 규정 형식과 취지를 우선 고려해야 하지만 그 외에도 그 사무의 성질이 전국적으로 통일적인 처리가 요구되는 사무인지 여부나 그에 관한 경비부담과 최종적인 책임귀속의 주체 등도 아울러 고려해야 한다.[17]

지방자치단체장은 소속 직원을 지휘·감독하고 법령과 조례·규칙으로 정하는 바에 따라 그 임면·교육훈련·복무·징계 등에 관한 사항을 처리한다(제105조).

한편 지방자치단체의 교육·과학·기술·체육 그 밖의 학예에 관한 사무는 광역자치단체의 사무이며(지방교육자

치에 관한 법률 제2조) 그 집행기관으로 광역자치단체에 교
육감을 두고 있다. 국가행정사무 중 광역자치단체에 위임
하여 시행하는 사무로서 교육·학예에 관한 사무는 교육
감에게 위임하여 행한다.[18) 교육감은 교육·학예에 관한
소관 사무로 인한 소송이나 재산의 등기 등에 대해 당해
광역자치단체를 대표한다.

지방자치단체장과 지방의회와의 관계

지방자치법은 지방자치단체의 의사를 내부적으로 결정
하는 최고의결기관으로 지방의회를 두는 한편 외부에 대
하여 지방자치단체의 대표로서 지방자치단체의 의사를
표명하고 그 사무를 통할하는 집행기관으로 단체장을 독
립한 기관으로 두고, 의회와 단체장에게 독자적인 권한을
부여하여 상호 견제와 균형을 이루도록 하고 있다.

이처럼 헌법상 권력분립의 원리는 지방의회와 지방자
치단체의 장 사이에서도 상호 견제와 균형의 원리로서 실
현되고 있다. 다만 그 구체적인 실현은 국회와 중앙정부
간의 원칙적인 권력분립과 달리, 현재 우리 사회의 지방
자치 수준과 특성을 감안하여 국민주권·민주주의 원리
가 최대한 구현될 수 있도록 하는 효율적이고도 발전적인

방식으로 되어야 한다.

지방의회는 조례의 제정 및 개폐, 예산의 심의·확정, 결산의 승인, 기타 지방자치법 제39조 제1항에 규정된 사항에 대한 의결권을 가지는 외에 지방자치법 제41조 등의 규정에 의하여 지방자치단체사무에 관한 행정사무 감사권 및 조사권 등을 가지므로, 이처럼 법령에 의하여 주어진 권한의 범위 내에서 집행기관을 견제할 수 있으나 법령에 규정이 없는 새로운 견제장치를 만드는 것은 집행기관의 고유 권한을 침해하는 것이 되어 허용할 수 없다.

따라서 법률에 특별한 규정이 없는 한 조례로써 견제의 범위를 넘어서 상대방의 고유권한을 침해하는 규정을 제정할 수 없다.

지방자치단체는 그 소관 사무의 일부를 독립하여 수행할 필요가 있을 때 합의제 행정기관을 설치할 수 있고(제116조 제1항), 합의제 행정기관의 설치·운영에 관하여 필요한 사항은 조례로 정할 수 있다(제116조 제2항). 이와 같이 지방자치법에서 합의제 행정기관의 설치·운영에 관하여 필요한 사항을 조례로 정하도록 위임한 취지는 각 지방자치단체의 특수성을 고려하여 그 실정에 맞게 합의제 행정기관을 조직하도록 한 것이다.[19]

상호 견제와 균형을 위하여 단체장과 지방의회에게 부

여된 권한을 살펴보자.

첫째, 지방자치단체장은 지방의회의 의결이 월권이거나 법령에 위반되거나 공익을 심히 해친다고 인정되면 그 의결사항을 이송받은 날부터 20일 이내에 이유를 붙여 재의요구할 수 있다(제107조 제1항). 재의요구에 대해 지방의회가 재의한 결과 재적의원 과반수 출석과 출석의원 3분의 2 이상의 찬성으로 전 같은 의결을 하면 그 의결사항은 확정되나, 지방자치단체장은 재의결된 사항이 법령에 위반된다고 인정되면 대법원에 소訴를 제기할 수 있다.

둘째, 지방자치단체장은 지방의회의 의결이 예산상 집행할 수 없는 경비를 포함하고 있다고 인정되면 그 의결사항을 이송받은 날부터 20일 이내에 이유를 붙여 재의를 요구할 수 있다(제108조 제1항). 지방의회가 법령에 따라 지방자치단체에서 의무적으로 부담해야 할 경비나 비상재해로 인한 시설의 응급복구를 위하여 필요한 경비를 줄이는 의결을 할 때에도 동일하다. 요구에 대해 재의한 결과 재적의원 과반수의 출석과 출석의원 3분의 2 이상의 찬성으로 전과 같은 의결을 하면 그 의결사항은 확정된다.

셋째, 지방자치단체장은 지방의원이 구속되는 등의 사유로 의결정족수에 미달하게 될 때 등, 지방의회가 성립되지 않은 경우와 지방의회의 의결사항 중 주민의 생명과 재산보호를 위하여 긴급하게 필요한 사항으로서 지방의회를 소집할 시간적 여유가 없거나 지방의회에서 의결이 지체되어 의결되지 아니할 때에는 선결처분을 할 수 있다 (제109조 제1항). 선결처분은 지체 없이 지방의회에 보고하여 승인을 받아야 하고 만약 지방의회에서 승인을 받지 못하면 그 선결처분은 그때부터 효력을 상실한다. 지방자치단체장은 이에 관한 사항을 지체 없이 공고해야 한다.

지방자치단체의 재무

지방자치단체의 회계연도는 매년 1월 1일에 시작하여 그해 12월 31일에 끝난다(제125조).

지방자치단체의 회계는 일반회계와 특별회계로 구분한다. 특별회계는 법률이나 지방자치단체의 조례로 설치할 수 있다.

지방자치단체장은 회계연도마다 예산안을 편성하여 광역자치단체는 회계연도 시작 50일 전까지, 기초자치단체는 회계연도 시작 40일 전까지 지방의회에 제출해야 한다(제127조 제1항). 광역자치단체의 의회는 회계연도 시작 15일 전까지, 기초자치단체의 의회에서는 회계연도 시작 10일 전까지 예산안을 의결해야 한다(제127조 제2항). 지방의회는 지방자치단체장의 동의 없이 지출예산 각 항의 금액을 증가하거나 새로운 비용항목을 설치할 수 없다. 지방자치단체장은 예산안을 제출한 후 부득이한 사유로 그 내용의 일부를 수정하려면 수정예산안을 작성하여 지 방의회에 다시 제출할 수 있다. 지방자치단체장은 예산을 변경할 필요가 있으면 추가경정예산안을 편성하여 지방 의회의 의결을 받아야 한다.

만약 지방의회에서 새로운 회계연도가 시작될 때까지 예산안이 의결되지 못하면, 지방자치단체장은 지방의회 에서 예산안이 의결될 때까지 법령이나 조례에 따라 설치 된 기관이나 시설의 유지·운영, 법령상 또는 조례상 지출 의무의 이행 및 이미 예산으로 승인된 사업의 계속의 목 적을 위한 경비는 전년도 예산에 준하여 집행할 수 있다.

한편 지방자치단체장은 출납 폐쇄 후 80일 이내에 결산 서와 증빙서류를 작성하고 지방의회가 선임한 검사위원 의 검사의견서를 첨부하여 다음 연도 지방의회의 승인을 받아야 한다. 결산의 심사결과 위법 또는 부당한 사항이 있는 경우에 지방의회는 본회의 의결 후 지방자치단체나 해당 기관에 변상 및 징계 조치 등 그 시정을 요구하고, 지 방자치단체나 해당 기관은 시정요구를 받은 사항을 지체 없이 처리하여 그 결과를 지방의회에 보고해야 한다(제 134조 제1항). 지방자치단체장은 결산을 승인받으면 5일 이내에 광역자치단체에서는 안전행정부장관에게, 기초자치단체에서는 광역자치단체장에게 각각 보고하고 그 내용을 고시해야 한다.

국가의 지도·감독

지방자치제도의 본질적 내용인 자치권에는, 자치사무와 소속 공무원에 대한 인사, 처우 등을 스스로 결정하고 특히 자치사무의 수행에 다른 행정주체(특히 국가)로부터 합목적성에 관해 명령·지시 받지 않는 권한도 포함된다.[20]

따라서 지방자치의 본질상 자치행정에 대한 국가의 관여는 가능한 한 배제하는 것이 바람직하다. 최소한 자치사무의 자율성만은 보장해야 한다.

하지만 지방자치도 국가적 법질서의 테두리 안에서만 인정되는 것이다. 지방행정도 중앙행정과 마찬가지로 국가행정의 일부이므로, 지방자치단체가 어느 정도 국가적 감독, 통제를 받는 것은 불가피하다.[21]

이에 따라 중앙행정기관장이나 광역자치단체장은 지방자치단체의 사무에 관하여 조언 또는 권고하거나 지도할 수 있다. 필요하면 지방자치단체에 자료 제출을 요구할 수 있다. 국가나 광역자치단체는 지방자치단체가 그 지방자치단체의 사무를 처리하는 데에 필요하다고 인정하면 재정지원이나 기술지원을 할 수 있다.

따라서 지방자치단체나 지방자치단체장이 위임받아 처리하는 국가사무에 관하여 광역자치단체에서는 중앙정부의 주무부장관의, 기초자치단체에서는 1차로 광역자치단체장의, 2차로 주무부장관의 지도·감독을 받는다(제167조 제1항). 기초자치단체나 그 단체장이 위임받아 처리하는 광역자치단체의 사무에 관해서는 광역자치단체장의 지도·감독을 받는다(제167조 제2항).

지방자치단체의 사무에 관한 그 지방자치단체장의 명령이나 처분이 법령에 위반되거나 현저히 부당해 공익을 해친다고 인정되면 광역자치단체에 대해서는 주무부장관이, 기초자치단체에 대하여는 광역자치단체장이 기간을 정해 서면으로 시정할 것을 명하고, 그 기간에 이행하지 않으면 이를 취소, 정지할 수 있다(제169조 제1항). 이경우 자치사무에 관한 명령이나 처분에 대하여는 그것이 법령을 위반하는 것이어야 한다. 지방자치단체장은 자치사무에 관한 명령이나 처분의 취소 또는 정지에 대하여 이의가 있으면 그 취소처분 또는 정지처분을 통보받은 날부터 15일 이내에 대법원에 소訴를 제기할 수 있다.

반면 지방자치단체장이 법령의 규정에 따라 그 의무에 속하는 국가위임사무나 광역자치단체위임사무의 관리와 집행을 명백히 게을리하고 있다고 인정되면 광역자치단체에 대하여는 주무부장관이, 기초자치단체에 대하여는 광역자치단체장이 기간을 정하여 서면으로 이행할 사항을 명령할 수 있다(제170조 제1항).[22]

여기서 '국가위임사무의 관리와 집행을 명백히 게을리하고 있다'는 말은, 지방자치단체장에게 국가위임사무를 관리·집행할 의무가 있음을 말한다. 지방자치단체의 장은 그 의무에 속한 국가위임사무를 이행하는 것이 원칙이므로, 특별한 사정이 없으면 그 의무를 이행해야 한다. 반면 '특별한 사정'이란, 국가위임사무를 관리·집행할 수 없는 법령상 장애사유 또는 지방자치단체의 재정상 능력이나 여건의 미비, 인력 부족 등 사실상의 장애사유를 뜻하고, 지방자치단체의 장이 주무부장관과 다른 견해가 있어 특정 국가위임사무를 이행하지 않는다면 이에 해당하지 않는다. 왜냐하면, 직무이행명령에 대한 이의소송은 그와 같은 견해의 대립을 전제로 지방자치단체의 장에게 제소권을 부여해 성립하는 것이므로, 그 소송의 본안 판단에서 그 사정은 더는 고려할 필요가 없기 때문이다.

주무부장관이나 광역자치단체장은 해당 지방자치단체장이 만약 이행명령을 이행하지 않으면 그 지방자치단체의 비용 부담으로 행정대집행법에 따라 내집행하거나 행정상·재정상 필요한 조치를 할 수 있다. 지방자치단체장은 이행명령에 이의가 있으면 이행명령서를 접수한 날부터 15일 이내에 대법원에 소를 제기할 수 있고 이행명령의 집행을 정지시키는 집행정지결정도 함께 신청할 수 있다.

또한 안전행정부장관이나 광역자치단체장은 지방자치단체의 자치사무에 관해 보고를 받거나 법령위반사항에 대해 서류·장부 또는 회계를 감사할 수 있으므로[23] 감사를 실시하기 전에 해당 사무의 처리가 법령에 위반되는지 여부 등을 확인해야 한다(제171조). 주무부장관, 안전행정부장관 또는 광역자치단체장은 이미 감사원 감사 등이 실시된 사안에 대해서는 새로운 사실이 발견되거나 중요한 사항이 누락된 경우 등 대통령령으로 정하는 경우를 제외하고는 감사대상에서 제외하고 종전의 감사결과를 활용해야 한다.

한편 지방의회의 의결이 법령에 위반되거나 공익을 현저히 해친다고 판단되면 광역자치단체에 대하여는 주무부장관이, 기초자치단체에 대하여는 광역자치단체장이 재의를 요구하게 할 수 있고, 재의요구를 받은 지방자치단체장은 의결사항을 이송받은 날부터 20일 이내에 지방의회에 이유를 붙여 재의를 요구해야 한다(제172조 제1항). 재의의 결과 재적의원 과반수의 출석과 출석의원

3분의 2 이상의 찬성으로 전과 같은 의결을 하면 그 의결 사항은 확정된다. 지방자치단체장은 재의결된 사항이 법령에 위반된다고 판단되면 재의결된 날부터 20일 이내에 대법원에 소를 제기할 수 있다. 필요하면 그 의결의 집행을 정지하게 하는 집행정지결정을 신청할 수도 있다. 주무부장관이나 광역자치단체장은 재의결된 사항이 법령에 위반된다고 판단됨에도 불구하고 해당 지방자치단체장이 소를 제기하지 않으면 그 지방자치단체장에게 제소를 지시하거나 직접 제소와 집행정지결정을 신청할 수 있다. 제소의 지시는 재의결된 날부터 7일 이내에 하고, 제소 지시를 받은 날부터 해당 지방자치단체장은 7일 이내에 제소해야 하며, 주무부장관이나 광역자치단체장은 이 기간이 지난 날부터 7일 이내에 직접 제소할 수 있다. 지방의회의 의결이 법령에 위반된다고 판단되어 주무부장관이나 광역자치단체장으로부터 재의요구 지시를 받은 지방자치단체장이 재의를 요구하지 않는 경우에는 주무부장관이나 광역자치단체장은 의결사항을 이송받은 날부터 20일이 지난 날부터 7일 이내에 대법원에 직접 제소와 집행정지결정을 신청할 수 있다. 법령에 위반되는 지방의회의 의결사항이 조례안인 경우로서 재의요구 지시를 받기 전에 그 조례안을 공포한 경우도 이와 같다.

지방자치법상 재의요구 및 제소 비교

구분	제26조에 의한 재의요구	제107조 제108조에 의한 재의요구 및 제소	제172조에 의한 재의요구 및 제소
근거 조항	제3장(조례규칙)	제6장(집행기관) 제1절(단체장), 제3관(의회와 관계)	제9장(국가의 지도감독)
재의대상 요건	조례안	지방의회의 의결	지방의회의 의결
재의 요건	특별한 재의 요건 없음	지방의회의 의결이 월권, 법령위반, 공익을 현저히 해친다고 단체장이 인정하는 경우(제107조), 지방의회 의결이 예산상 집행할 수 없는 경비를 포함하고도 있다고 단체장이 인정하는 경우와 지방의회가 의무적 부담 경비 및 응급복구비를 차감하는 의결을 하는 경우(제108조)	지방의회의 의결이 법령위반, 공익을 현저히 해친다고 주무부장관(시도지사)이 판단하는 경우
재의 요구권자	지방자치단체의 장	지방자치단체의 장	주무부장관(시도지사)의 요구에 따라 지방자치단체의 장
재의 요구기간	조례안을 이송받은 후 20일 이내	의결사항을 이송받은 날부터 20일 이내	의결사항을 이송받은 날부터 20일 이내에
재의 회부기간	재의 요구서가 도착한 날부터 10일 이내	재의 요구서가 도착한 날부터 10일 이내	규정 없음
일부 또는 수정재의 요구	불가	불가	규정 없음

구분	제26조에 의한 재의요구	제107조 제108조에 의한 재의요구 및 제소	제172조에 의한 재의요구 및 제소
재의결 정족수	재적의원 과반수 출석, 출석의원 2/3 이상 찬성	재적의원 과반수 출석, 출석의원 2/3 이상 찬성	재적의원 과반수 출석, 출석의원 2/3 이상 찬성
대법원 제소 여부	규정 없음(불가)	재의결 날부터 20일 이내 지방자치단체의 장이 대법원에 제소	재의결된 날부터 20일 이내 지방자치단체의 장이 대법원에 제소, 지방자치단체의 장이 제소하지 않은 경우 주무부장관(시도지사)이 제소 지시 또는 직접 제소
집행정지	규정 없음(불가)	집행정지결정 신청 가능	집행정지결정 신청 가능

[자료: 안전행정부]

1) 허영,『헌법이론과 헌법』(신판), 2007, 박영사, 755쪽 이하.

2) [시행 2014. 1. 21.] [법률 제12280호, 2014. 1. 21., 일부개정], 이하 법령의 명칭이 생략된 채 그 조항만이 기재된 경우에는 지방자치법의 해당 조항을, 시행령은 지방자치법 시행령을 각각 가리키는 것이다. 지방자치법은 자주 바뀌므로 수시로 관련 내용을 확인해봐야 한다.

3) 강현철,『지방자치 용어해설집』, 한국법제연구원, 2006, 140〜141쪽.

4) 헌법재판소 1991. 3. 11. 선고 91헌마21 결정, 헌법재판소 1998. 4. 30. 선고 96헌바62 결정.

5) 헌법재판소 2014. 1. 28. 선고 2012헌바216 결정.

6) 헌법재판소 1994. 12. 29. 선고 94헌마201 결정.

7) 헌법재판소 2001. 6. 28. 선고 2000헌마735 결정.

8) 헌법재판소 2006. 4. 27. 선고 2005헌마1190 결정.

9) 허영, 앞의 책, 1167쪽.

10) 충청북도 청주시 설치 및 지원특례에 관한 법률(법률 제11624호, 2013. 1. 23. 제정)에 의하여 2014년 7월 1일 자로 충청북도 청주시, 청원군을 통합하여 충청북도 청주시가 설치되었다.

11) 안전행정부,『2013 지방자치단체 기본현황』, 2013, 3쪽.

12) 안전행정부,『지방자치단체 행정구역 및 인구현황』, 2013, 372쪽.

13) 헌법재판소 1995. 3. 23. 선고 94헌마175 결정.

14) 대법원 2013. 4. 11. 선고 2012추22 판결; 수업료, 입학금 그 자체에 관한 사무는 교육·학예에 관한 사무로서 지방자치단체 중 특별

시·광역시·도의 사무에 해당하나, 수업료, 입학금의 지원에 관한 사무는 학생 자녀를 둔 주민의 수업료, 입학금 등에 관한 부담을 경감시킴으로써 청소년에 대한 기본적인 교육여건을 형성함과 동시에 청소년이 평등하게 교육을 받을 수 있도록 하는 것이므로, 이와 같은 사무는 지방자치단체 고유의 자치사무인 지방자치법 제9조 제2항 제2호에서 정한 주민의 복지증진에 관한 사무 중 주민복지에 관한 사업[(가)목] 및 노인·아동·심신장애인·청소년 및 부녀의 보호와 복지증진[(라)목]에 해당되는 사무라고 한 사례.

15) 지방자치법 시행령 제36조(중요 재산, 공공시설의 취득·설치 및 처분의 범위 등) ①법 제39조 제1항 제6호에서 "대통령령으로 정하는 중요 재산의 취득·처분"이란 「공유재산 및 물품관리법 시행령」 제7조 제1항에 따른 중요 재산의 취득·처분을 말한다.

②제1항에도 불구하고 「공유재산 및 물품관리법 시행령」 제7조 제2항에 해당하면 중요 재산의 취득·처분에 포함되지 않는다.

③법 제39조 제1항 제7호에서 "대통령령으로 정하는 공공시설의 설치·처분"이란 법 제144조에 따라 조례나 다른 법령에 따라 설치하는 공공시설의 신·증설, 용도폐지·변경 및 공공시설로서의 성질을 유지할 것을 조건으로 국가나 다른 지방자치단체에 넘겨주는 경우를 말한다.

④법 제39조 제1항 제6호 및 제7호에 모두 해당하는 경우에는 그중 어느 하나의 규정에 따라 지방의회의 의결이 있으면 법 제39조 제1항 제6호 및 제7호에 따른 지방의회의 의결이 있는 것으로 본다.

⑤법 제39조 제1항 제6호 및 제7호에 따른 지방의회의 의결사항 중 중요 재산의 취득·처분이나 공공시설의 설치·처분에 관하여 다른 법령에 따라 지방의회의 의결을 받거나 의견을 청취한 경우에는 법 제39조 제1항 제6호 및 제7호에 따른 지방의회의 의결이 있는 것으로 본다.

16) 대법원 2013. 4. 11. 선고 2011두12153 판결; 인천광역시 서구청장

이 결식아동 급식지원 전자카드 공급 및 운영 위탁변경 공고를 하고 이에 응모한 회사 중 해당 자치구 아동급식위원회의 선정에 따라 을 주식회사를 위탁업체로 선정한 사안에서, '결식아동 급식지원 전자 카드 도입 사무'는 인천광역시장으로부터 인천광역시 서구청장에게 위임된 기관위임사무라고 보아야 하므로 해당 자치구에서 제정한 조 례로 위 사업에 따른 위탁업체 선정사무를 규율할 수 없다고 한 사례.

17) 대법원 2006. 7. 28. 선고 2004다759 판결은 부랑인선도시설 및 정 신질환자요양시설에 대한 지방자치단체장의 지도·감독사무를 보건 복지부장관 등으로부터 기관위임된 국가사무로 판단하였고, 대법원 2013. 5. 23. 선고 2011추56 판결은 교원능력개발평가는 국가사무로 서 각 시·도 교육감에게 위임된 기관위임사무라고 하고 있다.

18) 대법원 2013. 6. 27. 선고 2009추206 판결; 교육감이 담당 교육청 소 속 국가공무원인 교사에 대하여 하는 징계의결요구 사무는 국가위임 사무이며, 사립학교법 제54조 제3항에 의한 사립 초등·중·고등학교 교사의 징계에 관한 교육감의 징계요구 권한은 국·공립학교 교사에 대한 징계와 균형 있게 처리되어야 할 국가사무로서 시·도 교육감에 위임된 사무라고 한 사례.

19) 대법원 2012. 11. 29. 선고 2011추87 판결; 해당 지방자치단체가 합 의제 행정기관의 일종인 민간위탁적격자심사위원회의 공평한 구성 및 운영에 대한 적절한 통제를 위해 민간위탁적격자심사위원회 위원 의 정수 및 위원의 구성비를 어떻게 정할 것인지는 해당 지방의회가 조례로써 정할 수 있는 입법재량에 속하는 문제로서 조례제정권의 범위 내라고 보는 것이 타당하다고 한 사례.

20) 헌법재판소 2008. 5. 29. 선고 2005헌라3 결정.

21) 헌법재판소 2001. 11. 29. 선고 2000헌바78 결정.

22) 대법원 2013.6.27. 선고 2009추206 판결.

23) 헌법재판소 2009. 5. 28. 선고 2006헌라6 결정.

II

주민의 기본적 권리와 의무

헌법에서는 주권의 보유자인 국민의 권리로서 인간으로서의 존엄과 가치, 행복추구권, 생명권, 평등권, 신체의 자유, 참정권, 청원권 등(헌법 10조~제37조)을 보장하고 있다.

지방자치단체의 구성원인 주민은 국민이 가지는 기본권 이외에도 지방자치법이나 지방재정법 등에 의한 권리를 보장받고 있다. 즉, 주민은 법령이 정하는 바에 의하여 소속 지방자치단체의 재산과 공공시설을 이용할 권리와 그 지방자치단체로부터 균등하게 행정의 혜택을 받을 권리가 있고, 지방의회의원 및 지방자치단체의 장 선거에 참여할 권리가 있다.

지방자치단체의 구역 안에 주소를 가진 자는 그 지방자치
단체의 주민이 된다(제12조). 주민은 법령으로 정하는 바
에 따라 소속 지방자치단체의 재산과 공공시설을 이용할
권리와 그 지방자치단체로부터 균등하게 행정의 혜택을
받을 권리를 가진다(제13조 제1항).

지방자치제도에서 주민참여는 가장 본질적인 요소라
할 수 있다. 주민참여란 주민이 지방자치단체의 주요 정책
결정에 대해 직접적으로 참여하여 영향을 미치거나 권한
을 행사하려는 일련의 행위를 말한다. 참여민주주의와 더
불어 주민참여는 의사결정에 있어 다양한 이해관계자 및
하위 계층의 참여가 핵심적 요소를 이루고 있다.

주민은 지방자치단체장과 지방의회의원 등 주민대표
기관의 선출(제13조 제2항), 주민투표권(제14조), 조례의 제
정과 개폐 청구권(제15조), 주민의 감사청구권(제16조), 주
민소송제소권(제17조), 손해배상금 등의 지불청구권(제
18조), 변상명령청구권(제19조), 주민소환권(제20조) 등의
행사를 통하여 지방자치를 실현하게 된다.

이러한 주민참여는 지역주민이 지방자치에 대한 주인
의식을 향상시키고, 지방자치단체와 집행기관에 대한 감
시와 견제기능을 수행하게 된다. 특히 주민참여를 통해

주민이 선출한 지방자치단체장과 지방의회의원 등 주민 대표기관이 주민들의 의사를 충분히 반영하지 못할 경우 그에 대해 보완 또는 시정하고(간접민주주의 보완 기능), 지방자치단체의 위법·부당한 행위 등에 대해 주민이 직접 시정을 요구함으로써 책임행정을 구현토록 하며(책임행정 구현 기능), 행정의 전문화가 심화될수록 행정관료에 의한 행정의 독선화 가능성이 높아지는데 이를 감시·통제하고(지방행정의 독선화 방지 기능), 주민들의 자발적인 참여와 협조를 통해 지방자치단체의 정책에 대한 정보접근을 확대하고 의사소통을 활성화함으로써 행정집행의 효율성을 제고(행정의 효율성 제고 기능)하는 등의 기능을 수행할 수 있다.

이와 관련하여 지방분권 및 지방행정체제 개편에 관한 특별법[1]에 의하면, 지방분권이란 국가 및 지방자치단체의 권한과 책임을 합리적으로 배분함으로써 국가 및 지방자치단체의 기능이 서로 조화를 이루도록 하는 것이라고 규정하면서(같은 법 제2조 제1호), 지방분권은 주민의 자발적 참여를 통하여 지방자치단체가 그 지역에 관한 정책을 자율적으로 결정하고 자기의 책임하에 집행하도록 하며, 국가와 지방자치단체 간 또는 지방자치단체 상호 간의 역할을 합리적으로 분담하도록 힘으로써 지방의 창의성 및 다양성이 존중되는 내실 있는 지방자치를 실현함을 그 기본이념으로 한다고 강조하고 있다(같은 법 제7조).

이를 위해 국가 및 지방자치단체는 주민참여를 활성화하기 위하여 주민투표제도·주민소환제도·주민소송제도·주민발의제도를 보완하는 등 주민 직접참여제도를 강화해야 하고, 주민의 자원봉사활동 등을 장려하고 지원함으로써 주민의 참여 의식을 높일 수 있는 방안을 마련해야 한다(같은 법 제15조).

구분	조례 제정 개폐청구	주민감사 청구	주민소송	주민투표	주민소환
근거	지방자치법 제15조	지방자치법 제16조	지방자치법 제17조	지방자치법 제14조	지방자치법 제16조
관련 법률	-	-	-	주민투표법	주민소환법
제정 (시행)	1999. 8. (2000. 3)	1999. 8. (2000. 3)	2005. 1. (2006. 1)	2004. 1. (2004. 7) ▸지방자치 법상으로는 1994. 3. 제정	2006. 3. (2007. 5)
입법 취지	주민 의사를 반영한 조례 의 제정·개 정·폐지	지방행정예산 편성·집행에 대한 주민 감 시와 참여	주민 공동의 이익 보호	지방행정에 대한 견제와 감독 및 주민 의사결정	선출직 지방 공직자에 대 한 주민통제
청구 대상	원칙적으로 제한 없음(법 령위반, 지방 세 부과, 행정 기구·공공시 설 설치 등은 제외)	지자체 및 단 체장의 권한 사무가 법령 위반, 공익을 저해할 경우	주민감사 청 구 후에 위법 한 재무회계 행위에 대해 자치단체장을 대상	자치단체 주 요 결정사항 (국가사무 및 기관위임사무 등은 제외)	선출직 지방 공직자(비례 대표지방의원 은 제외)
청구자	19세 이상 주 민(조례로 규 정) ▸시·도 50만 이상 대도시: 1/100~1/70 시·군· 자치구: 1/50~1/20 범위에서 조 례로 정하는 주민수 이상 의 연서	19세 이상 주 민 ▸시·도 500명, 시군 구 200명 미 만 연서	주민감사청구 를 경유한 주 민이 90일 이 내 행정법원에 주민소송 제기 (1인 소송도 가 능), • 청구수리 후 60일 이내 감사 미종결 • 감사결과 조치요구 미 이행 또는 이 행조치 불복 등	• 19세 이상 주민 (조례로 규정) • 의회, 단체 장 ▸주민청구시 청구권자 총수 의 1/20~1/5 범위내 서명	19세 이상 주 민 ▸시도지사 (10/100), 시장·군수 (15/100) 지방의원 (20/100) 이상 서명

구분	조례 제정 개폐청구	주민감사 청구	주민소송	주민투표	주민소환
제한 사항	선거기간 중 서명요청 금지(공선법 제 33조)	수사나 재판에 관여하게 되는 사항, 개인의 사생활을 침해할 우려가 있는 사항, 다른 기관에서 감사하였거나 감사 중인 사항, 동일한 사항에 대하여 주민소송이 진행 중이거나 그 판결이 확정된 사항은 제외	동일 소송이 진행 중이면 다른 주민은 같은 사항에 대하여 별도의 소송 제기 불가	법령에 위반되거나 재판 중인 사항, 국가나 다른 자치단체의 권한에 속하는 사항, 지방자치단체의 예산·회계·계약 및 재산관리에 관한 사항과 지방세 등 각종 공과금의 부과나 감면사항, 행정기구의 설치·변경사항과 공무원의 인사·정원 등 신분과 보수 사항, 공공시설의 설치사항, 동일한 사항에 대하여 2년 이내인 경우는 제외	주민소환 사유는 제한 없음. 선거일 전 60일~선거일까지 주민소환서명 불가.
심사 등	지자체장 (조례규칙심사회)	상급기관 (감사청구심의회)	관할 법원	지자체장	관할 선관위 ▶ 소명: 소환투표 대상자
발의	청구자	청구자	청구자	지자체장(청구요지 공표)	관할 선관위
청구 후	지방의회 부의(수리 후 60일 이내)	감사실시 (60일 이내)	소송고지(지자체장의 신청에 따라 법원이 이해관계자에게 고지)	투표 실시(공고일부터 20~30일) ▶ 단, 소환투표는 주민투표, 공직선거(대선과 총선은 제외) 등과 동시실시 가능	

구분	조례 제정 개폐청구	주민감사 청구	주민소송	주민투표	주민소환
확정	지방의회의 의결	감사종료 시	법원 판결 (3심제)	투표권자 총수의 1/3 이상 투표(미달시 미개표), 유표투표수 과반수 특표시 확정	
결과 통지 등	청구 대표자 에게 통지	주민감사 청구 대표자 및 단체장에게 통지	단체장(확정 판결조치의 무), 주민(승소시 실비 청구), 단체장(손해 배상청구, 변상명령)에게 통지	확정사항 이행(2년내 번복 불가) 지자체 장에게 통지하고 지방의회에 보고	공직 상실(결과공표 시점) 중앙정부, 지자체 장, 지방의회, 청구인 대표자, 당사자에게 통지
이의 불복 절차	없음	주민소송 제기	미지불시 손해배상청구 (60일 이내)	1/100 이상 서명으로 소청(상급 선관위)→소송 (시군: 관할 고등법원, 시도지사: 대법원) ▶국가정책 주민투표는 소청·소송대상 아님	

한편 서울특별시에서는 2011년 서울시민의 시정에 대한 참여를 활성화하고 서울시 행정의 민주성과 투명성을 증대하기 위하여 서울특별시 주민참여 기본조례[4]를 만들어 시행하고 있다.

이 조례는 서울시와 주민이 협력하여 주민의 권익과 삶의 질 향상에 동등하게 노력하는 것을 기본이념으로 삼고 있는데 누구든지 평등하게 시정에 참여할 권리를 가지고 있음을 천명하고 있다(조례 제3조 제1항).

이에 따라 주민은 누구나 서울시정에 관한 의견을 제시할 권리를 가지며 적극적으로 참여하는 데 힘써야 하는데 시정에 참가하지 않는다고 불리한 대우나 불이익을 받지는 않는다(조례 제5조 제1항·제3항). 서울시가 가진 정보는 주민의 공유재산이며, 주민은 그 정보를 받아볼 권리가 있다(조례 제5조 제2항).

서울시에 설치된 각종 위원회의 위원 구성은 공모제나 추천제 등 공개적인 절차에 의한 일반주민의 참여를 보장하고 있으며, 서울특별시장은 예산을 편성하는 단계에서부터 주민이 충분한 정보를 얻고 의견을 표명할 기회를 가질 수 있도록 행정정보공개와 주민참여를 보장해야 한다(조례 제6조 제1항 및 제8조).

주민은 서울시의 중요한 정책사업에 대하여 의견을 공개적으로 제시할 수 있고, 특히 선거권이 있는 5,000명 이상의 주민은 연서로 그 타당성에 대한 토론, 공청 및 설명회를 시장에게 청구할 수 있다(조례 제9조 제1항). 이때 시장은 특별한 사유가 없으면 1개월 이내에 토론, 공청 및 설명회를 실시해야 하고 그 결과를 성실하게 검토한 후 반영 여부를 1개월 이내에 토론 청구인 대표에게 통지하고, 서울시 홈페이지 등을 통해 주민에게 공개한다.

서울시에 설치된 각종 위원회의 회의는 법령 및 타 조례에 정해진 경우를 제외하고는 회의가 개최된 날로부터 7일 이내에 회의록 및 회의결과, 회의안건 등을 시 홈페이지에 공개한다(조례 제10조 제1항).

또한 서울특별시장은 서울시의 정책 등에 대해 주민의 의견을 직접 청취해야 할 필요가 있다고 인정될 경우에는 주민의견 조사를 실시할 수 있고 조사 후 즉시 주민의견 조사의 결과를 서울시 홈페이지 등에 공표하며 1개월 이내에 조사결과에 대한 견해를 표명해야 한다.

주민의 지방자치단체장 및 지방의회의원 선거권

주민은 대통령 선거 및 국회의원 선거뿐만 아니라 거주하는 지방자치단체에서 실시하는 지방의회의원과 지방자치단체장의 선거(지방선거)에 참여할 권리를 가진다(제

13조 제2항). 지방의회의원은 주민이 보통·평등·직접·비밀선거에 따라 선출한다(제31조).

지방선거에 관하여는 공직선거법에서 자세히 규정하고 있다.

19세 이상으로서 ①선거인명부 작성 기준일 현재 해당 지방자치단체의 관할 구역에 주민등록이 되어 있는 사람과 ②재외동포의 출입국과 법적 지위에 관한 법률에 따라 해당 지방자치단체의 국내거소신고인명부에 3개월 이상 계속하여 올라 있는 국민 그리고 ③출입국관리법에 따른 영주의 체류자격 취득일 후 3년이 경과한 외국인으로서 해당 지방자치단체의 외국인등록대장에 올라 있는 사람은, 그 구역에서 선거하는 지방자치단체의 의회의원 및 지방자치단체장의 선거권이 있다(공직선거법 제15조 제3항).

반면 선거일 현재 계속하여 60일 이상 당해 지방자치단체의 관할 구역 안에 주민등록이 되어 있거나 국내거소신고인명부에 올라 있는 주민으로서 25세 이상의 국민은 그 지방의회의원 및 지방자치단체장의 피선거권이 있다(공직선거법 제16조 제3항).

지역구 지방의회의원은 당해 의원의 선거구를 단위로 하여 선거한다. 비례대표 광역의회의원은 당해 광역자치단체를 단위로 선거하며, 비례대표 기초의회의원은 당해 기초자치단체를 단위로 선거한다. 지방자치단체장은 당해 지방자치단체의 관할 구역을 단위로 하여 선거한다.

지방의회의원 및 지방자치단체의 장의 임기만료에 의한 선거일은 그 임기만료일 전 30일 이후 첫번째 수요일이다. 선거기간은 후보자등록 마감일 후 6일부터 선거일까지 14일간이다.

지역구 지방의회의원의 선거에서는 당해 선거구에서 유효투표의 다수를 얻은 자 순으로 의원정수에 이르는 자가 당선인이 된다. 비례대표 지방의회의원 선거에서는 원칙적으로 유효투표총수의 100분의 5 이상을 득표한 각 정당에 대하여 당해 선거에서 얻은 득표비율에 비례대표 지방의회의원 정수를 곱하여 산출된 수의 정수의 의석을 그 정당에 먼저 배분하고 잔여의석은 단수가 큰 순으로 각 의석할당정당에 1석씩 배분한다.

지방자치단체장 선거에서는 유효투표의 다수를 얻은 자가 당선인이 된다. 최고득표자가 2인 이상인 때에는 연장자를 당선인으로 결정한다.

청원권의 행사

청원이란, 국민이 국가기관의 권한에 속하는 사항에 불만

사항을 시정하거나 피해의 구제·법령의 개정 등을 요청하기 위해 국가기관 등에 서면으로 희망을 진술하는 것을 말한다.[5]

우리 헌법은 제26조에서 "①모든 국민은 법률이 정하는 바에 의하여 국가기관에 문서로 청원할 권리를 가진다. ②국가는 청원에 대하여 심사할 의무를 진다."고 규정하고 있어, 국민의 기본권의 하나로서 국민이 국가기관에 대하여 문서로 불만사항 시정 등을 요청할 수 있는 청원권을 인정하고 있다.

청원은 역사적으로 민의를 위정자에게 전달하는 중요한 수단으로 이용되어왔다. 오늘날의 청원권 역시 국가 또는 지방자치단체의 의사형성에 국민의 다원적인 의견이나 희망을 직접 전달할 수 있는 중요한 수단임에 변함이 없다.[6] 다만, 대의민주주의가 확립되어감에 따라 그 중요성은 줄어들고 있다.

국회나 지방의회에 청원할 경우에는 국회법 또는 지방자치법에 따르고, 이에 규정이 없는 사항은 청원법을 따른다.

지방자치법은 지방의회에 청원하는 경우 청원의 제출·심사와 처리에 관하여 규정하고 있으며, 자세한 사항은 각 지방의회마다 청원심사규칙에서 정하고 있다.

청원은 ①피해의 구제, ②공무원의 위법·부당한 행위

에 대한 시정이나 징계의 요구, ③법률·명령·조례·규칙 등의 제정·개정 또는 폐지, ④공공의 제도 또는 시설의 운영, ⑤그 밖에 국가기관 등의 권한에 속하는 사항에 해당하는 경우에 한하여 할 수 있다(청원법 제4조).

청원은 청원인의 성명(법인인 경우에는 명칭과 대표자의 성명)과 주소 또는 거소를 기재하고 서명한 문서나 전자문서로 해야 한다(청원법 제6조 제1항). 청원서에는 청원의 이유와 취지를 밝히고, 필요하면 참고자료를 첨부할 수 있다. 청원서에 청원인의 주소를 증명하는 서면이나 참고자료가 첨부되어 있지 않고 서명날인이 아닌 기명날인이 되어 있는 등의 사소한 형식의 흠결이 있다고 하여 곧바로 청원에 해당하지 않는다고 단정해서는 안 된다. 누구든지 청원을 하였다는 이유로 차별대우를 받거나 불이익을 강요받지 않는다.

청원서는 청원사항을 관장하는 기관에 제출해야 한다. 청원서를 접수한 기관은 청원사항이 그 기관이 관장하는 사항이 아니라고 인정되는 때에는 그 청원사항을 관장하는 기관에 청원서를 이송하고 이를 청원인에게 통지해야 한다.

청원을 수리한 기관은 성실하고 공정하게 청원을 심사·처리하여 90일 이내에 그 처리결과를 청원인에게 통지해야 한다(청원법 제9조 제2항). 다만 부득이한 사유가 있으면 60일의 범위 내에서 1회에 한하여 그 처리기간을 연장할 수 있는데 이 경우 그 사유와 처리예정기한을 지체 없이 청원인에게 통지해야 한다.

그런데 청원권은 국민이 국가기관에 어떤 사항에 관한 의견이나 희망을 진술할 권리로서 단순히 그 사항에 대한 국가기관의 선처를 촉구하는 것이므로 국가기관 등은 청원에 대하여 심사할 의무를 지고 그 심사처리결과를 청원인에게 통지할 의무를 지고 있을 뿐이다. 따라서 국가기관이 그 수리한 청원을 받아들여 구체적인 조치를 취할 것인지 여부는 국가기관의 자유재량에 속한다.[7]

청원이 ① 감사·수사·재판·행정심판·조정·중재 등 다른 법령에 의한 조사·불복 또는 구제절차가 진행 중인 때, ② 허위의 사실로 타인으로 하여금 형사처분 또는 징계처분을 받게 하거나 국가기관 등을 중상모략하는 사항인 때, ③ 사인간의 권리관계 또는 개인의 사생활에 관한 사항인 때, ④ 청원인의 성명·주소 등이 불분명하거나 청원내용이 불명확한 때에는 수리되지 않는다(청원법 제5조 제1항).

또한 누구든지 타인을 모해謀害할 목적으로 허위의 사실을 적시한 청원해서는 안 된다. 이를 위반한 자는 5년 이하의 징역 또는 1천만 원 이하의 벌금에 처해진다. 청원서를 접수한 기관이 청원을 수리하지 않은 때에는 그 사유를 명시하여 청원인에게 통지해야 한다.

동일인이 동일한 내용의 청원서를 동일한 기관에 두 건 이상 제출하거나 두 개 이상의 기관에 제출한 때에는 나중에 접수된 청원서는 반려될 수 있다.

한편 지방의회에 청원을 하려는 자는 지방의회의원의 소개를 받아 청원서를 제출해야 한다(제73조 제1항).[8] 지방의회의 의장은 청원서를 접수하면 소관 위원회나 본회의에 회부하여 심사를 하게 한다.

청원을 소개한 의원은 소관 위원회나 본회의가 요구하면 청원의 취지를 설명해야 한다. 위원회가 청원을 심사하여 본회의에 부칠 필요가 없다고 결정하면 그 처리결과를 의장에게 보고하고, 의장은 청원한 자에게 알려야한다.

지방의회가 채택한 청원이 그 지방자치단체장이 처리하는 것이 타당할 경우에는 지방의회는 의견서를 첨부하여 지방자치단체장에게 청원서를 이송한다. 지방자치단체장은 청원을 처리하고 그 처리결과를 지체 없이 지방의회에 보고해야 한다.

민원이란 민원인이 행정기관에 처분 등 특정한 행위를 요구하는 사항을 말한다.[9]

구체적으로는 ① 허가·인가·특허·면허·승인·지정·인정·추천·시험·검사·검정 등의 신청, ② 장부·대장 등에의 등록·등재의 신청 또는 신고, ③ 특정한 사실 또는 법률관계에 관한 확인 또는 증명의 신청, ④ 법령·제도·절차 등 행정업무에 관한 질의 또는 상담 형식을 통한 설명이나 해석의 요구, ⑤ 정부시책이나 행정제도 및 운영의 개선에 관한 건의, ⑥ 행정기관의 위법·부당하거나 소극적인 처분(사실행위와 부작위를 포함한다) 및 불합리한 행정제도로 인하여 국민의 권리를 침해하거나 국민에게 불편 또는 부담을 주는 사항의 해결 요구("고충민원"), ⑦ 그 밖에 행정기관에 특정한 행위를 요구하는 사항에 관한 사무를 민원사무라 한다(민원사무처리에 관한 법률 제2조 제2호).

민원은 문서나 전자문서 그리고 구술 또는 전화·전신·팩스 등 정보통신망으로도 신청할 수 있다.

행정기관은 민원사무를 관계 법령 등이 정하는 바에 따라 다른 업무에 우선하여 처리해야 하고, 민원사무를 처리하는 공무원은 담당 민원사무를 신속·공정·친절하게 처리해야 한다. 행정기관의 장은 접수한 민원서류가 다른 행정기관의 소관인 경우에는 지체 없이 소관 기관에 이송해야 한다.

행정기관의 장은 다수의 관계기관 또는 관계부서의 허가·인가·승인·추천·협의 또는 확인 등을 거쳐 처리되는 복합민원에 대해서는 처리 주무부서를 지정하고 그 부서로 하여금 관계기관 또는 부서 간 협조를 통하여 민원사무를 일괄처리하게 할 수 있다.

행정기관의 장은 민원인이 행정기관을 방문하여 단순한 행정절차 또는 형식요건에 관하여 질의·설명이나 조언을 요구한 경우에는 즉시, 그 외의 질의·상담사항은 7일 이내에, 법령에 대한 질의인 경우와 정부시책이나 행정제도와 운영의 개선에 관한 건의사항을 접수했을 때 관계법령 등에 원칙적으로 14일 이내에 그 처리결과를 민원인에게 문서로 통지해야 한다. 만약 민원인의 신청을 거부하는 때에는 그 이유와 구제절차도 함께 통지해야 한다.

민원인은 대규모의 경제적 비용이 수반되는 민원사항의 경우 행정기관의 장에게 정식으로 민원서류를 제출하기 전에 약식서류로 사전심사를 청구할 수 있다. 행정기관의 장은 가능하다고 통보한 민원사항에 대하여는 민원인의 귀책사유 등 특별한 사유가 없으면 사전심사 결과 통보에서 적시되지 않은 다른 이유를 들어 거부할 수 없다.

현재 대부분의 민원은 정부가 운영하는 정부민원포털 '민원24(www.minwon.go.kr)'에 접속하여 누구나 편리하게 접수하고, 진행상황 확인과 결과통지를 받을 수 있다.

민원사항에 대한 거부처분에 불복이 있는 민원인은 처분을 받은 날부터 90일 이내에 이의신청을 하거나, 이의신청 여부와 관계없이 행정심판 또는 행정소송을 제기할 수 있다.

다만, 국민의 적극적 신청행위에 행정청이 그 신청에 따른 행위를 하지 않겠다고 거부한 행위가 행정심판 또는 행정소송의 대상이 되는 행정처분에 해당하는 것이라고 하려면, 그 신청한 행위가 공권력의 행사 또는 이에 준하는 행정작용이어야 하고, 그 거부행위가 신청인의 법률관계에 어떤 변동을 일으키는 것이어야 하며, 그 국민에게 그 행위발동을 요구할 법규상 또는 조리상의 신청권이 있어야만 한다.[10]

주민의 예산참여 제도

지방자치단체의 예산은 지방자치단체장이 회계연도마다 편성하는데 광역자치단체는 회계연도 시작 50일 전까지,

기초자치단체는 그 40일 전까지 지방의회에 제출해야 한다(제127조).

재정운영의 기본원칙으로서 지방자치단체는 그 재정을 수지균형의 원칙에 따라 건전하게 운영해야 하고, 국가는 지방재정의 자주성과 건전한 운영을 조장해야 하며, 국가의 부담을 지방자치단체에 넘겨서는 안 된다(제122조 제1항·제2항).

국가는 정부조직법과 다른 법률에 의해 설치된 국가행정기관 및 그 소속 기관, 공공기관의 운영에 관한 법률 제4조에 따른 법인·단체 또는 기관, 국가가 출자·출연한 기관 및 국가가 설립·조성·관리하는 시설 또는 단지 등을 지원하기 위하여 설치된 기관에 해당하는 기관의 신설·확장·이전·운영과 관련된 비용을 지방자치단체에 부담시켜서는 안 되고 이러한 기관을 신설 또는 확장하거나 이전하는 위치를 선정할 경우 지방자치단체의 재정적 부담을 조건으로 하거나 입지 적합성의 선정 항목으로 이용하여서는 안 된다(제122조 제3항·제4항).

반면 지방자치단체는 국가시책을 달성하기 위하여 노력해야 하고 이러한 국가시책을 달성하기 위하여 필요한 경비에 대한 국고보조율과 지방비부담률은 법령으로 정하고 있다(제123조).

지방자치단체장의 예산편성은 지방자치단체장이 자신이 담당하는 업무에 관한 내부적 사무처리에 관한 행위로서 일반적·추상적 성격을 가지고 있으므로 그 자체는 국민의 구체적인 권리의무나 법률관계에 직접적인 변동을 초래하는 것이 아니어서 행정처분에 해당되지 않는다.[11]

지방자치단체는 주민의 복리 증진을 위하여 그 재정을 건전하고 효율적으로 운용해야 하며, 국가의 정책에 반하거나 국가 또는 다른 지방자치단체의 재정에 부당한 영향을 미치게 해서는 안 된다(지방재정법 제3조 제1항).

지방자치단체는 법령 및 조례로 정하는 범위에서 합리적인 기준에 따라 그 경비를 산정하여 예산에 계상해야 하고 이때 모든 자료에 의하여 엄정하게 그 재원을 포착하고 경제 현실에 맞도록 그 수입을 산정하여 예산에 계상해야 한다(지방재정법 제36조 제1항·제2항). 여기서 '법령 및 조례로 정하는 범위에서'란 예산안이 예산편성 기준 등에 관하여 직접 규율하는 법령이나 조례에 반해서는 안 될 뿐만 아니라 당해 세출예산의 집행목적이 법령이나 조례에 반해서도 안 된다는 것을 의미하므로, 지방의회가 의결한 예산의 집행목적이 법령이나 조례에 반하는 경우 그해 예산안 의결은 효력이 없다.[12]

지방자치단체장은 지방예산 편성 과정에 주민이 참여할 수 있는 절차를 마련하여 시행해야 한다(지방재정법 제

이에 따른 주민참여예산제는 지방자치단체와 주민이 협력하여 주민복지의 향상과 생활의 질 개선을 위해 노력하고 재정운영의 공개를 통한 투명성·민주성 확보로 재정민주주의를 실현하며, 참여민주주의를 활성화하는 것을 기본이념으로 삼고 있다.

우리나라에서는 2003년 8월 광주광역시 북구에서 처음으로 주민참여예산제도가 도입되었으며 2005년 지방재정법이 개정됨에 따라 주민참여예산제도의 법제화가 시작되었다. 2011년에는 모든 지자체에서 참여예산제도를 의무적으로 실시하게 제도화되었다.

지방자치단체장은 예산 편성 과정에 참여한 주민의 의견을 수렴하여 그 의견서를 지방의회에 제출하는 예산안에 첨부할 수 있다(지방재정법 제39조 제2항).

주민은 지방예산 편성과정에서 주요사업에 대한 공청회 또는 간담회, 주요사업에 대한 서면 또는 인터넷 설문조사, 사업공모, 그 밖에 주민의견수렴에 적합하다고 인정하여 조례로 정하는 방법에 의하여 참여할 수 있다.

그런데 주민참여예산제도가 원래 목적에 맞게 운영되기 위해서는 무엇보다도 주민의 대표성 확보가 중요하다. 오직 소수만이 목소리를 낸다면 역으로 말 없는 다수가 피해를 볼 가능성을 배제할 수 없기 때문이다. 또한 예산과 재정정보의 투명한 공개가 필요하다. 정보의 공개는 주민참여예산제도의 성공의 핵심이라고 할 수 있다.

주민참여예산의 범위·주민의견수렴에 관한 절차·운영방법 등 구체적인 사항은 지방자치단체의 조례로 정하는데, 서울특별시에서는 2012년부터 '서울특별시 주민참여예산제 운영 조례'를 시행하고 있다.[13]

이 조례에 의하면 예산 편성 과정에 참여할 수 있는 주민에는 서울특별시에 주소를 두고 있는 자에 국한되지 않고 서울시 관할 지역에 소재한 기관에 근무하는 자와 서울시에 영업소의 본점 또는 지점을 둔 사업체의 대표자 또는 임직원, 서울시 소재 초중등교육법과 고등교육법 상의 학교 재학생과 이와 동등한 자격을 갖춘 자도 포함하고 있다(같은 조례 제2조).

서울특별시장은 예산을 편성하는 단계부터 주민이 충분한 정보를 얻고 의견을 표명할 기회를 가질 수 있도록 정보공개와 주민 참여 보장을 위해 노력해야 하고, 주민들이 예산편성 과정에 참여하여 반영한 예산 편성내용을 공개해야 한다(같은 조례 제5조).

주민은 누구나 서울시의 예산편성과 관련된 의견을 제출할 수 있다. 서울시장은 예산을 편성하기 전에 주민참여예산운영계획을 수립하여 20일 이상 인터넷 홈페이지 등을 통하여 이를 공고해야 한다. 주민참여예산운영계획에는 예산편성방향, 시 예산에 대한 설명·교육·홍보 및 토론활동 계획, 주민참여예산위원회 위원과 공무원에 대한 교육계획, 주민의견수렴 절차 및 방법 등을 종합적으로 담아야 한다. 서울시장은 제출된 주민의견수렴 결과를 인터넷 홈페이지 등을 통해 공개해야 하고, 주민의 참여를 활성화하기 위해 주민을 대상으로 서울시 예산에 대한 설명·교육·홍보 및 토론활동을 적극적으로 수행하여 예산의 편성·집행·결산 등 예산과정과 주민참여방법, 주민참여예산제도 운영 등에 관한 정보를 충분히 제공해야 한다(같은 조례 제12조).

서울시장은 주민의견수렴을 위하여 자치구별로 주민참여예산지역회의를 둘 수 있고(같은 조례 제14조) 이와 별도로 서울시 산하에 예산편성 과정에 주민참여를 위해 250명 이내의 위원으로 구성된 주민참여예산위원회와 주민참여예산지원협의회를 두고 있다(같은 조례 제15조·제25조).

주민참여예산위원회는 총회를 개최하여 예산편성안에 대한 최종적인 조정 의견을 시장에게 제출하는데, 시장은 총회에서 의결한 예산편성안에 대한 조정 의견을 예산안과 함께 서울시의회에 제출한다(같은 조례 제21조).

한편 지방자치단체는 법률에 규정이 있는 경우, 국고 보조 재원에 의한 것으로서 국가가 지정한 경우, 용도를 지정한 기부금의 경우 및 보조금을 지출하지 않으면 사업을 수행할 수 없는 경우로서 지방자치단체가 권장하는 사업을 위해 필요하다고 인정되는 경우가 아니면 개인 또는 단체에 대한 기부·보조·출연, 그 밖의 공금 지출을 할 수 없다(지방재정법 제17조 제1항). 그 취지는, 지방자치단체의 재정 운용에 대한 자율적 권한 행사의 영역을 존중하되, 그 권한 행사는 주민의 복리에 어긋나거나 재정의 건전성 및 효율성을 해치지 않아야 한다는 한계를 설정하려는 데 있다.

지방자치단체장은 예산·기금의 불법지출에 대한 시정요구, 예산절약이나 수입증대와 관련된 제안 등을 접수·처리하기 위하여 예산낭비신고센터를 설치·운영해야 한다(같은 법 시행령 제54조의2 제1항).[14]

예산·기금의 불법지출·낭비에 대한 주민감시를 위해 지방자치단체의 예산 또는 기금을 집행하는 자, 재정지원을 받는 자, 지방자치단체장 또는 기금관리주체와 계약 또는 그 밖의 거래를 하는 자가 법령을 위반함으로써 지방자치단체에 손해를 가했음이 명백한 때에는 누구든지 집행에 책임이 있는 지방자치단체장 또는 기금관리주체에게 불법지출에 대한 증거를 제출하고 시정을 요구할 수 있다(지방재정법 제48조의2 제1항).

또한 지방자치단체의 예산절약 또는 수입증대와 관련한 의견이 있는 자는 해당 지방자치단체장 또는 기금관리주체에게 그 의견을 제안할 수 있다(같은 법 제48조의2 제2항).

시정요구나 제안을 받은 지방자치단체장 또는 기금관리주체는 그 처리결과를 안전행정부장관에게 제출하고 시정요구나 제안을 한 자에게 그 결과를 30일 이내에 통지해야 한다.

지방자치단체장은 시정요구에 대한 처리결과에 따라 수입이 증대되거나 지출이 절약된 때에는 시정요구를 한 자에게, 예산절감이나 수입증대와 관련된 제안 등을 한 자에게는 예산성과금을 지급할 수 있다. 지방자치단체장은 시정요구 및 제안을 한 자의 동의 없이 다른 사람에게 그 신분을 밝히거나 암시하여서는 안 된다.

주민의 공사감독참여 제도

지방자치단체장 또는 계약담당자는 상·하수도 사업, 마을 진입로 개설 등 주민생활과 관련이 있는 공사에 내하여는 그 공사와 관련이 있는 주민대표자 또는 주민대표자가 추천하는 자를 감독자로 위촉하여 감독하게 해야 한다(지방자치단체를 당사자로 하는 계약에 관한 법률 제16조 제2항).

여기서 주민대표자는 감독 대상 공사 현장을 관할하는 통장·이장으로서 지방자치단체장 또는 계약담당자가 위촉하는 사람을 말한다. 위촉된 감독자를 주민참여감독자라 한다.

주민대표자의 추천을 받을 수 있는 사람은 감독 대상 공사의 관련 업종에 해당하는 국가기술자격증을 소지한 사람, 감독 대상 공사의 관련 업종에서 1년 이상 현장관리 업무 등에 종사하였거나 감리·감독 업무에 종사했던 경험이 있는 사람, 대학교수 또는 초·중등학교 교사로서 해당 공사 분야의 지식을 갖춘 사람, 관련 법령에 따라 주무관청의 인가·허가 등을 받아 설립된 건설 관련 단체 또는 건설 관련 학회에서 추천하는 사람, 감독 대상 공사의 현장이 속하는 동·리의 새마을지도자·부녀회장 등으로서 대표성과 해당 공사 분야의 지식을 갖춘 사람이다.

주민감독 대상 공사는 주민생활에 밀접하게 관련 있는 공사이다. 즉, 마을 진입로 확장·포장공사, 배수로 설치공사, 간이 상하수도 설치공사, 보안등 공사, 보도블록 설치공사, 도시·군계획도로 개설공사, 마을회관 공사, 공중화장실 공사, 수해복구 공사로서 하천, 도로, 상하수도 등 주민생활과 밀접한 관련이 있다고 지방자치단체장이 판단하는 공사, 그 밖에 지방자치단체장이 필요하다고 판단하는 공사로서 추정가격 3천만 원 이상인 공사인데 그 상한금액은 해당 지방자치단체의 조례로 정하고 있다(같은 법 시행령 제60조).

지방자치단체의 장은 대통령령으로 정하는 규모 이상의 계약과 관련된 입찰에서 입찰참가자의 자격 제한에 관한 사항, 계약체결 방법에 관한 사항, 낙찰자 결정방법에 관한 사항 등의 적절성과 적법성을 심의하기 위하여 계약심의위원회를 설치·운영한다(같은 법 제32조).

감독 대상 공사는 추정가격 3천만 원 이상인 공사로서 그 상한금액은 해당 지방자치단체의 조례로 정하는데 서울특별시 조례에 의하면 서울특별시 계약심의위원회는 긴급한 재해복구사업 및 지역경제 활성화를 위하여 예산을 조기 집행할 필요가 있는 사업이 아니면 서울시가 발주하는 추정가격이 70억 원 이상인 공사, 계약체결 이후 당해 계약과 분리발주가 가능한 추정가격 30억 원 이상의 시설물이나 공정을 새로이 추가하는 설계변경, 20억 원 이상인 물품·용역 등의 계약에 대하여 심의하도록 하고 있다(서울특별시 계약심의위원회 구성·운영 및 주민참여감독 대상공사 범위 등에 관한 조례 제2조).[15]

주민참여감독자는 감독조서를 작성하여 준공검사일

이전까지 지방자치단체장 또는 계약담당자에게 제출해야 한다. 주민참여감독자는 해당 지방자치단체장 또는 계약담당자에게 공사계약의 이행과정에서 그 공사와 관련하여 지역 주민들의 건의사항을 전달하거나 공사계약 이행상의 불법·부당 행위 등에 대하여 시정을 요구할 수 있다(지방자치단체를 당사자로 하는 계약에 관한 법률 제16조 제3항). 그러나 지방자치단체장 또는 계약담당자는 주민참여감독자의 시정 건의 내용이 관련 법령 등에 위반되거나 부적정한 경우 또는 불가피한 사유가 있는 경우에는 그 내용을 반영하지 않을 수는 있으나 주민참여감독자에게 그 사유를 명시하여 서면으로 통지해야 한다.

주민참여감독자는 감독업무 수행에 따른 실비를 지급받는다. 만약 주민참여감독자로 위촉된 사람이 공사감독과 관련하여 금품 또는 향응을 제공받거나 요구한 경우, 주민참여감독자의 직무를 게을리하거나 불성실하게 하여 공사감독에 부적합하다고 인정되는 경우, 감독 또는 검사 시 직무의 수행을 방해한 경우, 공사감독일지 등 감독 관련 서류를 거짓으로 작성한 경우, 그 밖에 지방자치단체장이 공사감독에 부적합하다고 판단되는 사람은 즉시 위촉이 해제된다.

주민은 법령으로 정하는 바에 따라 소속 지방자치단체의 비용을 분담해야 하는 의무를 진다(제21조).

모든 국민은 법률이 정하는 바에 의하여 납세의 의무를 지는데(헌법 제38조) 지방자치단체는 지방세기본법 또는 지방세관계법에서 정하는 바에 따라 지방세의 과세권을 가진다(지방세기본법 제4조). 이에 따라 지방자치단체가 지방세의 세목, 과세대상, 과세표준, 세율, 그 밖에 부과·징수에 필요한 사항을 정할 때에는 지방세기본법이나 지방세관계법에서 정하는 범위에서 조례로 정하도록 하고 있다(같은 법 제5조 제1항).

지방자치단체의 장은 납세자의 권리보호에 관한 사항을 포함하는 납세자권리헌장을 제정해 고시해야 하고(같은 법 제105조) 조례로 정하는 바에 따라 납세자보호관을 배치해 납세 관련 고충민원의 처리, 세무상담, 납세자권리헌장의 준수 및 이행 여부 심사, 지방세 관련 제도개선에 관한 의견표명 등 납세자의 권익보호를 위한 업무를 전담하여 수행하게 할 수 있으며(같은 법 제106조), 세무공무원은 납세자가 납세자의 권리 행사에 필요한 정보를 요구하는 경우 신속하게 제공해야 한다(같은 법 제115조).

1) [시행 2013. 5. 28.] [법률 제11829호, 2013. 5. 28., 제정]

2) 안전행정부, 『주민투표·소환·소송 업무편람』, 2013, 10~11쪽.

3) 이외에도 주민 직접참여제도의 하나인 주민참여예산제도는 지방
자치단체의 예산편성과정에 주민수요와 의견을 반영하기 위하여
2005년 8월 개정된(2006년 1월 시행) 지방재정법 제39조에 근거하
고 있다.

4) [시행 2011. 8. 28.] [서울특별시조례 제5108호, 2011. 7. 28., 제정]

5) 청원에 관하여는 법제처, 〈찾기 쉬운 생활법령정보-청원·민원 및 국
민제안(http://oneclick.law.go.kr/CSP)〉; 안상운, 『NGO·NPO 법률
가이드북』, 아르케, 2011, 372~377쪽 참조.

6) 헌법재판소 1994. 2. 24. 선고 93헌마213 등 결정.

7) 대법원 1990. 5. 25. 선고 90누1458 판결.

8) 헌법재판소 1999. 11. 25. 선고 97헌마54 결정.

9) 안상운, 같은 책, 347~355쪽 참조.

10) 대법원 2003. 9. 26. 선고 2003두5075 판결.

11) 대구지방법원 2006. 4. 5. 선고 2005구합3211 판결.

12) 대법원 2013. 1. 16. 선고 2012추84 판결; 부산광역시의회가 '상임
(특별)위원회 행정업무보조 기간제 근로자 42명에 대한 보수 예산
안'을 포함한 2012년도 광역시 예산안을 재의결하여 확정한 사안에
서, 위 근로자의 담당업무, 채용규모 등을 종합해보면, 지방의회에서
위 근로자를 두어 의정활동을 지원하는 것은 실질적으로 유급보좌
인력을 두는 것과 마찬가지여서 개별 지방의회에서 정할 사항이 아

니라 국회의 법률로 규정해야 할 입법사항에 해당하는데, 지방자치법이나 다른 법령에 위 근로자를 지방의회에 둘 수 있는 법적 근거가 없으므로, 위 예산안 중 '상임(특별)위원회 운영 기간제근로자 등 보수' 부분은 법령 및 조례로 정하는 범위에서 지방자치단체의 경비를 산정하여 예산에 계상하도록 한 지방재정법 제36조 제1항의 규정에 반하고, 이에 관하여 한 재의결은 효력이 없다고 한 사례.

13) [시행 2012. 5. 22.] [서울특별시조례 제5296호, 2012. 5. 22. 제정]

14) 대법원 2013. 5. 23. 선고 2012추176 판결; 서울특별시의회가 서울시 및 산하 기관의 퇴직공무원으로 구성된 사단법인 서울시 시우회와 서울시의회 전·현직의원으로 구성된 사단법인 서울시 의정회가 추진하는 사업에 대하여 사업비를 보조할 수 있도록 하는 내용의 '서울특별시 시우회 등 육성 및 지원 조례안'을 의결하여 서울특별시장에게 이송하였고, 행정안전부장관이 위 조례안이 지방재정법 제17조에 위반된다는 이유로 재의를 요구하였으나 서울특별시장이 그대로 공포한 사안에서, 서울시 시우회는 전직 서울시 및 그 산하기관 공무원, 서울시 의정회는 전·현직 서울시의회 의원이라는 공직 근무 경력만으로 당연히 회원 자격이 부여되는 단체로서 근본적으로 특정 사업의 수행을 위한 것이라기보다 구성원 간 친목 등을 주된 목적으로 하는 단체인 점 등 여러 사정을 종합해보면, 위 조례안이 정한 사업이 서울시가 권장하는 사업에 해당한다고 볼 수 없다는 이유로, 위 조례안은 지방재정법 제17조를 위반하여 위법하다고 한 사례.

15) 서울특별시 계약심의위원회 구성·운영 및 주민참여감독대상공사 범위 등에 관한 조례 [시행 2013. 8. 1.] [서울특별시조례 제5555호, 2013. 8. 1., 일부개정]

III

주민투표제도

주민투표제도란?

주민투표제referendum란 지방자치단체의 주요 결정사항에 대해서 주민이 투표를 통해 직접 결정하는 제도를 말한다. 국가적 차원에서 국민을 대상으로 실시하는 국민투표와 대비된다.

지방자치단체장은 주민에게 과도한 부담을 주거나 중대한 영향을 미치는 지방자치단체의 주요 결정사항 등에 대하여 주민투표에 부칠 수 있다(제14조 제1항).

주민투표제도는 지방자치단체의 정책결정과정에 주민들의 직접참여를 보장함으로써 풀뿌리 민주주의를 실현하며, 주민의 생활에 식섭석인 영향을 미지는 수요 의사 결정과정에 지역주민의 참여를 확보함으로써 지역주민

의 의사에 반하는 잘못된 정책결정이 내려지는 것을 방지하는 것을 목적으로 한다.[1]

주민투표의 대상·발의자·발의요건, 그 밖에 투표절차 등에 관한 사항은 주민투표법[2]과 주민투표관리규칙[3]에서 정하고 있다.[4]

2004년에 제정된 주민투표법에 따라 여러 차례 주민투표가 실시되었다. 특히 2005년 7월 27일에는 제주도 행정구조 개편안에 대한 주민투표가 실시되어 시·군을 폐지하는 단일 광역자치안이 채택되었고 같은 해 11월 2일에는 중·저준위방사성폐기물처분시설 장소 선정을 위한 주민투표가 실시되어 경주시가 선정되었다.

그리고 2011년 8월 24일에는 서울시 무상급식 지원 범위를 둘러싸고 주민투표가 실시되었는데 투표율이 3분의 1에 미달하는 25.7%에 불과하여 개표조차 못했다. 이로 인해 주민투표를 발의한 오세훈 서울시장은 사퇴하였고 보궐선거가 실시된 바 있다.[5]

주민투표 현황

주민투표명	실시 지역	투표율 (%)	개표 결과(%)		투표 결과	청구 권자
제주도 행정구조 개편 ('05.7.27.)	제주도	36.7	단일광역자치안	57.0	단일 광역 자치안 채택	행정자치부 장관
			현행유지안	43.0		
청주·청원 통합 ('05.9.29.)	충북 청주시	35.5	찬성	91.3	통합 무산 (청원군 반대)	행정자치부 장관
			반대	8.7		
	충북 청원군	42.2	찬성	46.5		
			반대	53.5		
중·저준위 방사성 폐기물 처분시설 유치 ('05.11.2.)	전북 군산시	70.2	찬성	84.4	경주시 선정	산업자원부 장관
			반대	15.6		
	경북 포항시	47.7	찬성	67.5		
			반대	32.5		
	경북 경주시	70.8	찬성	89.5		
			반대	10.5		
	경북 영덕군	80.2	찬성	79.3		
			반대	20.7		
서울시 무상급식 지원 범위 ('11.8.24.)	서울시	25.7	소득하위 50%의 학생을 대상으로 2014년까지 단계적으로 실시		투표권자 1/3미만 투표로 미개표	서울시민 (1/20이상, 5%)
			소득 구분없이 모든 학생을 대상으로 초등학교는 '11년 부터, 중학교는 '12년부터 전면적으로 실시			

주민투표명	실시 지역	투표율 (%)	개표 결과(%)		투표 결과	청구 권자
영주시 면사무소 이전관련 ('11.12.7.)	경북 영주시 평은면 (실시 지역 제한)	39.2	영주시 평은면 평 은리 산78번지 강 동리 산19번지 일 대	91.7	평은리 일대 선정	영주시민 (1/9이상, 11%)
			영주시 평은면 오 운리 산59번지, 산57-16번지 일 대	8.3		
청원·청주 통합 ('12.6.27.)	충북 청원군	36.8	찬성	79.0	통합 찬성 확인	행정안전부 장관
			반대	21.0		
남해 화력발전소 유치동의서 제출 ('12.10.17.)	경남 남해군	53.2	찬성	48.9	유치 무산	남해군수
			반대	51.1		
완주·전주 통합 ('13.6.26.)	전북 완주군	53.2 *사전투표 (20.11%)	찬성	44.7	통합 반대 확인	안전행정부 장관
			반대	55.3		

총 8회(2013. 8. 20. 기준)

그런데, 주민투표에 참여할 권리가 헌법상의 기본권인지 아니면 법률에 의하여 부여된 권리인지에 대해서 헌법재판소는 후자로 보고 있다. 우리 헌법은 간접적인 참정권으로 선거권(헌법 제24조), 공무담임권(헌법 제25조)을, 직접적인 참정권으로 국민투표권(헌법 제72조, 제130조)을 규정하고 있을 뿐이고 주민투표권을 기본권으로 규정한 바가 없다는 것이다.[6] 즉, 지방자치법에 규정되어 있는 주민투표권이나 조례의 제정 및 개폐청구권, 주민감사청구권, 주민소송, 주민소환투표권 등 제도는 입법에 의하여 채택된 것일 뿐 헌법에 의하여 이러한 제도의 도입이 보장되고 있는 것은 아니므로 헌법이 보장하는 기본권 또는 헌법상 제도적으로 보장되는 주관적 공권으로 볼 수 없다는 설명이다.[7] 따라서 주민투표법이 구체적으로 주민투표의 종류와 대상, 실시요건 및 절차, 그 효력이나 쟁송방법 등을 어떻게 정할 것인가의 문제는 입법자의 광범위한 입법형성의 자유 영역에 속하는 것으로 기본적으로는 국가의 입법정책에 달려 있다는 것이다.[8]

주민투표권자

19세 이상의 주민 중 투표인명부 작성기준일 현재 ①그 지방자치단체의 관할 구역에 주민등록이 되어 있는 사람, ②재외동포의 출입국과 법적 지위에 관한 법률 제6조에 따라 국내거소신고가 되어 있는 재외국민, ③출입국관리 관계 법령에 따라 대한민국에 계속 거주할 수 있는 자격을 갖춘 외국인으로서 지방자치단체의 조례로 정한 사람은 주민투표권이 있다(주민투표법 제5조 제1항). 주민투표권자의 연령은 투표일 현재를 기준으로 산정한다.

그러나 공직선거법에 따라 선거권이 없는 사람은 주민투표권도 없다(주민투표법 제5조 제1항, 공직선거법 제18조).

주민투표를 실시하는 때에는 투표인명부 작성기준일 (투표일 전 19일)부터 5일 이내에 투표인명부를 작성해야 한다. 투표인명부에 오를 자격이 있는 국내거주자 중 투표일에 자신이 투표소에 가서 투표할 수 없는 자는 투표인명부 작성 기간 중에 부재자신고를 할 수 있다.

국가와 지방자치단체는 주민투표권자가 주민투표권을 행사할 수 있도록 필요한 조치를 취해야 한다. 이를 위해 투표권을 부여받은 재외국민 또는 외국인이 주민투표에 참여할 수 있도록 외국어와 한국어를 함께 표기하여 관련 정보를 제공하는 등 필요한 조치를 취해야 한다(주민투표법 제2조 제2항).

공무원·학생 또는 다른 사람에게 고용된 자가 투표인명부를 열람하거나 투표를 하기 위하여 필요한 시간은 보장되어야 하며, 이를 휴무 또는 휴업으로 보지 않는다(주민투표법 제2조 제3항).

주민투표 청구권자 및 청구대상

주민투표는 ①주민투표권이 있는 자 총수의 1/20(5%) 이상 1/5(20%) 이하의 범위 안에서 지방자치단체의 조례로 정하는 수 이상의 서명으로 그 지방자치단체장에게 주민투표실시를 요구한 경우(주민투표법 제9조 제1항), ②지방의회가 재적의원 과반수의 출석과 출석의원 2/3 이상의 찬성으로 그 지방자치단체장에게 주민투표의 실시를 요구한 경우(주민투표법 제9조 제5항), ③지방자치단체장이 그 지방의회 재적의원 과반수의 출석과 출석의원 과반수의 동의를 얻어 직권으로 실시하는 경우(주민투표법 제9조 제6항), ④중앙행정기관의 장이 일정한 사항과 관련하여 주민의 의견을 듣기 위해 필요하다고 인정해 관계 지방자치단체장에게 주민투표의 실시를 요구하는 경우(주민투표법 제8조 제1항)에 실시된다.

서울특별시 주민투표조례에서는 주민투표의 실시를 청구하는 경우에 서명해야 하는 주민의 수는 주민투표청구권자 총수의 20분의 1 이상으로 정하고 있다.[9]

이처럼 주민투표는 크게 지방자치단체의 결정사항을 대상으로 하는 것(①~③의 경우)과 국가정책을 대상으로 하는 것(④의 경우)으로 나뉜다.

지방자치단체의 결정사항을 대상으로 하는 주민투표는 주민에게 과도한 부담을 주거나 중대한 영향을 미치는 지방자치단체의 주요 결정사항 중 그 지방자치단체의 조례로 정하는 사항을 대상으로 한다(주민투표법 제7조 제1항). 그 취지는 지방자치단체장이 권한을 가지고 결정할 수 있는 사항에 대하여 주민투표에 부쳐 주민의 의사를 물어 행정에 반영하려는 데에 있다.

그러나 첫째, 법령에 위반되거나 재판 중인 사항은 주민투표에 부칠 수 없다. 여기서의 '법령'은 헌법, 법률, 시행령 등과 같은, 지방자치단체가 자신의 권한으로 바꿀 수 없는 법령, 즉 지방자치의 한계를 설정하는 법령을 의미하고, 자신의 권한으로 바꿀 수 있는 조례 등 자치법규는 여기에 포함된다고 할 수 없다.[10]

둘째, 국가 또는 다른 지방자치단체의 권한 또는 사무에 속하는 사항도 주민투표의 대상이 되지 않는다.[11] 따라서 국가사무와 기관위임사무에 대해서는 주민투표를 실시할 수 없고 지방자치단체의 고유사무(자치사무)와 단체위임사무에 한하여 실시될 수 있다.[12]

셋째, 지방자치단체의 예산·회계·계약 및 재산관리에

관한 사항[13]과 지방세·사용료·수수료·분담금 등 각종 공과금의 부과 또는 감면에 관한 사항도 주민투표의 대상이 아니다. 제주특별자치도의 경우에는 조례에서 별도로 정하고 있다.

넷째, 행정기구의 설치·변경에 관한 사항과 공무원의 인사·정원 등 신분과 보수에 관한 사항과 다섯째, 다른 법률에 의하여 주민대표가 직접 의사결정주체로서 참여할 수 있는 공공시설의 설치에 관한 사항(다만, 지방의회가 주민투표의 실시를 청구하는 경우에는 제외), 여섯째, 동일한 사항에 대하여 주민투표가 실시된 후 2년이 경과되지 않은 사항도 주민투표의 대상에서 제외된다.

반면 국가정책에 관한 주민투표는 중앙행정기관의 장은 지방자치단체의 폐치·분합 또는 구역변경, 주요시설의 설치 등 국가정책의 수립에 관하여 주민의 의견을 듣기 위해 필요하면 안전행정부장관과 협의한 다음, 주민투표의 실시구역을 정해 관계 지방자치단체장에게 주민투표의 실시를 요구하여 이를 지방자치단체장이 수용할 때 실시된다(주민투표법 제8조 제1항). 만약 해당 지방자치단체장이 주민투표를 실시하지 아니한 경우에는 관계 지방자치단체 의회(해당 지방지치단체의 의회와 그 상급 지방자치단체의 의회를 말한다)의 의견을 들어야 한다.[14]

그런데 지방자치단체의 주요 결정사항에 관한 주민투표와 국가정책사항에 관한 주민투표는 그 대상으로 하는 사항의 성격, 그 사항의 영향 범위 및 규모, 예산 및 재정상의 근거, 전국적으로 통일적·획일적인 처리를 요하는지 여부 등에 있어서 본질적으로 차이가 있다. 주민투표법은 이와 같은 차이를 감안하여, 국가정책에 관한 주민투표에 관하여는 주민투표의 대상(주민투표법 제7조), 주민투표실시구역(주민투표법 제16조), 주민투표결과의 확정(주민투표법 제24조 제1항·제5항·제6항) 등에 있어 지방자치단체의 주요 결정사항에 관한 주민투표와 달리하고 있다(주민투표법 제8조 제4항).15) 특히 국가정책에 관한 주민투표에 대해서는 재투표나 투표연기를 하지 않고(주민투표법 제26조) 주민투표소송을 배제하고 있다(주민투표법 제25조).

주민투표의 실시 절차

지방자치단체장은 주민 또는 지방의회의 청구에 의하거나 직권에 의하여 주민투표를 실시할 수 있다(주민투표법 제9조 제1항).16)

주민들이 지방자치단체장에게 주민투표의 실시를 청

구하려면 주민투표청구권자 총수의 1/20(5%)~1/5(20%)의 범위 안에서 지방자치단체의 조례로 정하는 수 이상의 서명을 받아야 한다. 주민투표청구권자 총수는 전년도 12월 31일 현재의 주민등록표, 재외국민의 국내거소신고표와 외국인등록표에 따라 산정하는데, 지방자치단체장은 매년 1월 10일까지 산정한 주민투표청구권자 총수를 공표해야 한다.

지방자치단체장은 주민투표와 관련하여 주민이 정확하고 객관적인 판단과 합리적인 결정을 할 수 있도록 지방자치단체의 공보, 일간신문, 인터넷 등 다양한 수단을 통해 주민투표에 관한 각종 정보와 자료를 제공해야 한다. 관할 선거관리위원회도 주민투표에 관한 정보를 제공하기 위하여 설명회·토론회 등을 개최해야 하고, 주민투표에 부쳐진 사항에 관하여 의견을 달리하는 자가 균등하게 참여할 수 있도록 해야 한다.

주민투표사무는 광역자치단체에서는 광역자치단체의 선거관리위원회가, 기초자치단체에서는 기초자치단체의 선거관리위원회가 관리한다(주민투표법 제3조 제1항).

주민이 주민투표를 청구할 때에는 주민투표청구인대표자를 선정해야 한다.

선정된 청구인대표자는 인적사항과 주민투표청구의

취지 및 이유 등을 기재하여 그 지방자치단체장에게 청구인대표자증명서의 교부를 신청해야 한다. 청구인대표자증명서의 교부신청을 받은 지방자치단체장은 청구인대표자가 주민투표청구권자인지 여부를 확인한 후 청구인대표자증명서를 교부하고 그 사실을 공표해야 한다. 청구인대표자와 그로부터 서면에 의하여 서명요청권을 위임받은 자는 그 지방자치단체의 조례가 정하는 서명요청기간 동안 주민에게 청구인서명부에 서명할 것을 요청할 수 있고 그 이외의 사람은 서명을 요청할 수 없다. 지방의회의 의원을 제외한 공무원은 청구인대표자가 될 수 없으며, 서명요청 활동을 하거나 서명요청 활동을 기획·주도하는 등 서명요청 활동에 관여할 수 없다. 청구인서명부에 서명을 한 사람이 그 서명을 철회하고자 하는 때에는 그 청구인서명부가 지방자치단체장에게 제출되기 전에 이를 철회해야 하고, 이 경우 청구인대표자는 즉시 청구인서명부에서 그 서명을 삭제해야 한다.

그러나 지방자치단체의 관할 구역의 전부 또는 일부에 대해 공직선거법에 의한 선거가 실시되는 때에는 그 선거의 선거일 전 60일부터 선거일까지 그 선거구에서는 서명을 요청할 수 없다. 그 취지는 주민투표운동에 관한 제한을 최소화하기 위한 것이고, 주민투표운동의 명목으로 사실상 선거운동을 하는 등의 부작용을 방지하기 위한 것이다.

그런데 공직선거를 이유로 주민투표 청구를 위한 서명요청 활동이 제한되는 선거구는 공직선거가 실시되는 선거구를 포함한 해당 지방자치단체 전체가 아니라 실제 공직선거가 실시되는 선거구만을 의미한다. 만일 일부 선거구의 공직선거 실시를 이유로 해당 지방자치단체 전체에서 주민투표를 위한 서명요청 활동을 제한한다면, 공직선거가 실시되는 선거구 외의 지역에 거주하는 다수의 주민들이 해당 주민들과 직접 관련이 없는 공직선거를 이유로 주민투표에 관한 의사표현을 할 수 있는 기회를 장기간 제한받게 될 수 있는데, 이는 주민의 주민투표권 행사를 보장하도록 규정하고 있는 주민투표법 제2조의 취지에도 반하게 될 것이기 때문이다.

청구인대표자는 서명요청 기간이 만료되는 날부터 광역자치단체의 경우에는 10일 이내에, 기초자치단체의 경우에는 5일 이내에 주민투표청구서와 청구인서명부를 지방자치단체장에게 제출해야 한다.

그러나 주민투표청구권자가 아닌 자의 서명, 누구의 서명인지 확인하기 어려운 서명, 서명요청권이 없는 자의 요청에 의하여 행해진 서명, 동일인이 동일한 사안에 내하여 두 개 이상의 유효한 서명을 한 경우에는 그중 하나의 서명을 제외한 나머지 서명, 서명요청 기간 외의 기간에 행해졌거나 서명요청이 제한되는 기간에 행해진 서명, 강요·속임수 그 밖의 부정한 방법에 의하여 행해진 서명, 주민투표법의 위임에 의하여 그 지방자치단체의 조례가 정하는 방식과 절차에 위배되는 서명은 무효이다.

지방자치단체장은 주민투표청구서와 청구인서명부가 제출된 때에는 지체 없이 주민투표청구 사실을 공표하고, 청구인서명부 또는 그 사본을 7일간 공개된 장소에 비치하여 주민이 열람할 수 있도록 해야 한다. 청구인서명부의 서명에 대하여 이의가 있는 자는 공람기간 내에 그 지방자치단체장에게 서면으로 이의를 신청할 수 있다. 지방자치단체장은 이의신청이 있은 때에는 공람기간이 종료된 날부터 14일 이내에 이를 심사하고 그 결과를 지체 없이 이의신청인과 청구인대표자에게 통지해야 하고, 이의신청과 관련하여 필요하면 관계인의 의견진술 또는 증언을 요구할 수 있다. 지방자치단체장은 제출된 청구인서명부의 서명이 무효인 서명으로 판정되어 요건에 미달하게된 때에는 청구인대표자로 하여금 그 지방자치단체의 조례가 정하는 기간 이내에 이를 보정하게 할 수 있다.

지방자치단체장은 주민투표청구가 유효한 서명의 총수가 규정에 의한 요건에 미달되는 경우, 주민투표청구서와 청구인서명부가 기간을 경과하여 제출된 경우, 보정기간 이내에 보정하지 않은 경우에는 이를 각하해야 하고, 청구인대표자에게 그 사유를 통지하고 공표해야 한다.

주민투표법에 규정된 사항 외에 청구인대표자증명서의 교부, 서명요청, 청구인서명부의 작성·제출방법, 서명에 대한 심사·확인 등 주민에 의한 주민투표청구에 관하여 필요한 사항은 해당 지방자치단체의 조례에서 정하고 있다.

한편 중앙정부로부터 주민투표의 실시를 요구받은 지방자치단체장은 지체 없이 이를 공표해야 하며, 공표일부터 30일 이내에 그 지방의회의 의견을 듣고 그 결과를 관계 중앙행정기관의 장에게 통지해야 한다.

지방의회가 그 지방자치단체장에게 주민투표의 실시를 청구할 때에는 재적의원 과반수의 출석과 출석의원 3분의 2 이상의 찬성이 있어야 한다.

지방자치단체장은 주민들의 주민투표청구가 적법하다고 인정되는 경우와 직권으로 실시하려는 주민투표와 관련하여 그 지방의회 재적의원 과반수의 출석과 출석의원 과반수의 동의를 얻은 경우 그리고 관계 중앙행정기관의 장에게 주민투표를 발의하겠다고 통지한 경우에는 지체 없이 그 요지를 공표하고 관할 선거관리위원회에 통지해야 한다(주민투표법 제13조 제1항).

지방자치단체장이 주민투표를 발의할 때에는 공표일부터 7일 이내에 투표일과 주민투표안을 공고해야 한다. 다만, 지방자치단체장 또는 지방의회가 주민투표청구의 목적을 수용하는 결정을 했을 경우에는 주민투표를 발의하지 않는다.

지방자치단체의 관할 구역의 전부 또는 일부에 대하여 공직선거법의 규정에 의한 선거가 실시되는 때에는 그 선거의 선거일 전 60일부터 선거일까지의 기간 동안에는 주민투표를 발의하거나 투표일을 정할 수 없다.

주민투표의 투표일은 주민투표 발의일부터 20일 이상 30일 이하의 범위 안에서 지방자치단체장이 관할 선거관리위원회와 협의하여 정한다. 동일한 사항에 대하여 2곳 이상의 지방자치단체에서 주민투표를 실시해야 하는 때에는 관계 지방자치단체장이 협의하여 동시에 주민투표를 실시해야 한다. 천재·지변으로 인하여 투표를 실시할 수 없거나 실시하지 못한 때에는 지방자치단체장은 관할 선거관리위원회와 협의하여 투표를 연기하거나 다시 투표일을 지정해야 한다.

주민투표는 특정한 사항에 대하여 찬성 또는 반대의 의사표시를 하거나 두 가지 사항 중 하나를 선택하는 형식으로 실시해야 한다.

주민투표는 그 지방자치단체의 관할 구역 전체를 대상으로 실시한다. 다만, 특정한 지역 또는 주민에게만 이해관계가 있는 사항인 경우 지방자치단체장이 지방의회의 동의를 얻은 때에는 관계 시·군·구 또는 읍·면·동을 대상으로 주민투표를 실시할 수 있다.

관할 선거관리위원회는 주민투표안의 내용, 주민투표에 부쳐진 사항에 관한 의견 및 그 이유, 투표절차 그 밖의 필요한 사항을 게재한 주민투표공보를 1회 이상 발행해야 한다. 투표는 공직선거법이 정하는 기표방법에 의한 투표로 한다. 투표는 직접 또는 우편으로 하되, 1인 1표로 한다. 투표를 하는 때에는 투표인의 성명 등 투표인을 추정할 수 있는 표시를 하여서는 안 된다.

투표시간, 투표용지, 투표구·개표구의 설치, 투표·개표의 절차와 참관 등 투표·개표의 관리에 관하여는 공직선거법의 규정을 준용한다.

주민투표사무에 필요한 경비는 주민투표를 발의한 지방자치단체장이 속하는 지방자치단체가 부담한다. 그러나 국가정책에 관한 주민투표인 경우에는 국가가 부담하고, 구역변경에 관한 주민투표인 경우는 지방자치단체가 부담한다. 지방자치단체는 주민투표경비를 주민투표 발의일부터 3일 이내에 관할 선거관리위원회에 납부해야 한다.

주민투표 추진절차[17]

지방자치단체 주요 결정사항에 대한 주민투표(법 제7조)

주민이 청구하는 경우

청구인대표자 증명서 교부신청 (§10)	서명요청 활동 (§10, 표준조례안§7)	투표청구 (§9)
청구인대표자	청구인대표자 등	투표청구권자
인적사항과 청구취지 및 이유 등을 기재 단체 장에 신청	청구인대표자와 서명 요청권수임자만 가능·시·도 180일 이 내·기타 90일 이내	주민투표청구권자 총수의 1/20~1/5 범위 내 조례로 정하는 수 이상의 서명

불복절차 (§25)	투표결과 확정 (§24)
기초: 투표권자 1/100 이상 연서로 시·도 선관위 소청, 고등법원 제소 광역: 투표권자 1/100 이상 연서로 중앙선관위 소청, 대법원 제소	1/3 이상 투표, 유효투 표수 과반수의 득표

청구인서명부 열람·이의신청 (§12③·④) 단체장	청구요지 공표 및 선관위에 통지 (§13①) 단체장	발의 (§13②) 단체장

7일간 청구인서명부 사본 등
주민 열람 및 이의신청

공표일부터 7일 이내에
투표일 및 투표안 공고

이의신청에
대한 심사
(§12⑤·⑥)
단체장

열람기간 종료된 날부터 14일 이내

청구인서명부
심사·확인
(§12, 표준조례안§13)
단체장

유효서명의 총수 미달 등
청구요건 불비시 각하

열람기간 종료(이의신청 심사결과 통지 후)
14일 이내 청구수리 여부 결정

개표 (§24) 관할 선관위	주민투표 실시 (§14) 관할 선관위	투표인명부 작성 (§6) 구·시·군의 장

1/3 미만 투표 시 개표
안 함
투표 결과 공표 및
단체장에게 통지

발의일부터 20~30일
이내 실시

발의일부터 5일간

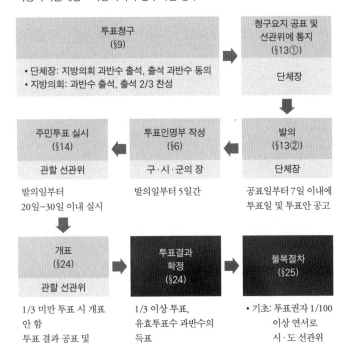

투표청구
(§9)

• 단체장: 지방의회 과반수 출석, 출석 과반수 동의
• 지방의회: 과반수 출석, 출석 2/3 찬성

청구요지 공표 및
선관위에 통지
(§13①)

단체장

주민투표 실시
(§14)

관할 선관위

발의일부터
20일~30일 이내 실시

투표인명부 작성
(§6)

구·시·군의 장

발의일부터 5일간

발의
(§13②)

단체장

공표일부터 7일 이내에
투표일 및 투표안 공고

개표
(§24)

관할 선관위

1/3 미만 투표 시 개표
안 함
투표 결과 공표 및
단체장에게 통지

투표결과
확정
(§24)

1/3 이상 투표,
유효투표수 과반수의
득표

불복절차
(§25)

• 기초: 투표권자 1/100
  이상 연서로
  시·도 선관위
  소청, 고등법원
  제소
• 광역: 투표권자 1/100
  이상 연서로 중
  앙선관위 소청,
  대법원 제소

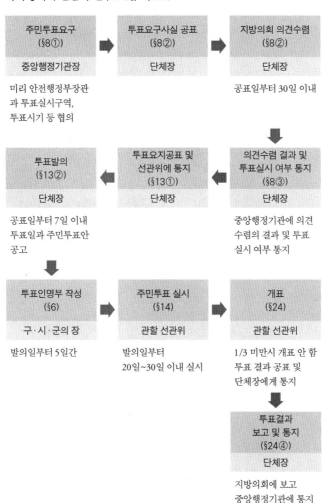

주민투표요구 (§8①) — 중앙행정기관장
미리 안전행정부장관과 투표실시구역, 투표시기 등 협의

투표요구사실 공표 (§8②) — 단체장

지방의회 의견수렴 (§8②) — 단체장
공표일부터 30일 이내

의견수렴 결과 및 투표실시 여부 통지 (§8③) — 단체장
중앙행정기관에 의견수렴의 결과 및 투표실시 여부 통지

투표요지공표 및 선관위에 통지 (§13①) — 단체장

투표발의 (§13②) — 단체장
공표일부터 7일 이내 투표일과 주민투표안 공고

투표인명부 작성 (§6) — 구·시·군의 장
발의일부터 5일간

주민투표 실시 (§14) — 관할 선관위
발의일부터 20일~30일 이내 실시

개표 (§24) — 관할 선관위
1/3 미만시 개표 안 함 투표 결과 공표 및 단체장에게 통지

투표결과 보고 및 통지 (§24④) — 단체장
지방의회에 보고 중앙행정기관에 통지

주민투표운동이란 주민투표에 부쳐진 사항에 관해 찬성 또는 반대하게 하거나 주민투표에 부쳐진 두 가지 사항중 하나를 지지하게 하는 행위를 말한다(주민투표법 제20조 제 1항). 다만, 주민투표에 부쳐진 사항에 관한 단순한 의견 개진 및 의사표시는 투표운동으로 보지 않는다.

주민투표법 또는 다른 법률의 규정에 의해 금지 또는 제한되는 경우를 제외하고는 누구든지 자유롭게 투표운동을 할 수 있다. 그러나 주민투표권이 없는 자, 공무원(그 지방의회의 의원은 제외), 각급 선거관리위원회의 위원, 방송법에 의한 방송사업을 경영하거나 이에 상시 고용되어 편집·제작·취재·집필 또는 보도의 업무에 종사하는 자 및 신문을 발행 또는 경영하거나 이에 상시 고용되어 편집·취재·집필 또는 보도의 업무에 종사하는 자는 투표운동을 할 수 없다.

투표운동은 주민투표 발의일부터 주민투표일 전일까지에 한해 할 수 있다. 그러나 야간호별방문 및 야간옥외집회, 투표운동을 목적으로 서명 또는 날인을 받는 행위, 공직선거법 제80조의 규정에 의한 연설금지장소에서의 연설행위, 공직선거법 제91조에서 정하는 확성장치 및 자동차의 사용제한에 관한 규정을 위반하는 행위 등의 투표운동을 할 수 없다. 야간호별방문 및 야간옥외집회가 금지되는 시간은 그 지방자치단체의 조례로 정한다. 관할 선거관리위원회의 위원 및 직원은 위반행위를 발견한 때에는 중지·경고 또는 시정명령을 해야 하며, 그 위반행위가 투표의 공정을 현저히 해치는 것이거나 중지·경고 또는 시정명령을 불이행하는 때에는 관할 수사기관에 수사를 의뢰하거나 고발해야 한다.

주민투표의 효력

주민투표에 부쳐진 사항은 주민투표권자 총수의 3분의 1 이상의 투표와 유효투표수 과반수의 득표로 확정된다(주민투표법 제24조 제1항).

전체 투표수가 주민투표권자 총수의 3분의 1에 미달되는 경우와 주민투표에 부쳐진 사항에 관한 유효득표수가 동수인 경우에는 찬성과 반대 양자를 모두 수용하지 아니하거나, 양자택일의 대상이 되는 사항 모두를 선택하지 않기로 확정된 것으로 본다. 여기서 "양자택일의 대상이 되는 사항 모두를 선택하지 않기로 확정된 것으로 본다" 는 의미는 주민투표에 부쳐진 복수의 안이 모두 폐기된 것으로 확정되었다는 의미라기보다는, 복수의 안 중 어떤 특정한 안에 대해서도 선택이 없었던 것으로 확정되었다는 의미로 보는 것이 타당하다. 즉, 주민투표가 실시되기 전의 상황으로 돌아간다는 의미이다.

전체 투표수가 주민투표권자 총수의 3분의 1에 미달되는 때에는 개표를 하지 않는다.

관할 선거관리위원회는 개표가 끝난 때와 전체 투표수가 주민투표권자 총수의 3분의 1에 미달되어 개표를 하지 않은 때에는 지체 없이 그 결과를 공표한 후 지방자치단체장에게 통지해야 한다.

주민투표결과를 통지받은 지방자치단체장은 지체 없이 이를 지방의회에 보고해야 하며, 국가정책에 관한 주민투표인 때에는 관계 중앙행정기관의 장에게 주민투표결과를 통지해야 한다. 지방자치단체장 및 지방의회는 주민투표결과 확정된 내용대로 행정·재정상 필요한 조치를 해야 한다.

지방자치단체장 및 지방의회는 주민투표결과 확정된 사항에 대하여 2년 이내에는 이를 변경하거나 새로운 결정을 할 수 없다. 다만, 전체 투표수가 주민투표권자 총수의 3분의 1에 미달되는 경우와 주민투표에 부쳐진 사항에 관한 유효득표수가 동수여서 찬성과 반대 양자를 모두 수용하지 않거나 양자택일의 대상이 되는 사항 모두를 선택하지 않기로 확정된 때에는 예외다.

그에 반해 국가정책에 관한 주민투표의 경우에 중앙행정기관의 장은 주민투표의 결과에 구속되지 않는다(주민투표법 제8조 제4항). 따라서 국가정책에 관한 주민투표는 지방자치단체의 결정사항에 대한 주민투표와는 달리 단순한 자문적인 주민의견수렴 절차에 해당한다.[18]

주민투표소송

주민투표의 효력에 관해 이의가 있는 주민투표권자는 주민투표권자 총수의 100분의 1 이상의 서명을 받아 주민투표결과가 공표된 날부터 14일 이내에 관할 선거관리위원회 위원장을 피소청인으로 하여 기초자치단체에서는 광역자치단체의 선거관리위원회에, 광역자치단체에서는 중앙선거관리위원회에 소청할 수 있다(주민투표법 제25조 제1항).

소청에 대한 결정에 관하여 불복이 있는 소청인은 관할 선거관리위원회위원장을 피고로 하여 그 결정서를 받은 날(결정서를 받지 못한 때에는 결정기간이 종료된 날)부터 10일 이내에 광역자치단체에서는 대법원에, 기초자치단체에서는 관할 고등법원에 소를 제기할 수 있다.

주민투표에 관한 소청 및 소송의 절차에 관하여는 주

민투표법에 규정된 사항을 제외하고는 공직선거법 제 219조 내지 제229조의 규정 중 지방자치단체장 및 지방 의회의원에 관한 규정을 준용한다.

지방자치단체장은 주민투표의 전부 또는 일부 무효의 판결이 확정된 때에는 그날부터 20일 이내에 무효로 된 투표구의 재투표를 실시해야 한다. 이 경우 투표일은 늦 어도 투표일 전 7일까지 공고해야 한다. 재투표를 실시하 는 때에는 그 판결에 특별한 명시가 없는 한 당초 투표에 사용된 투표인명부를 사용한다.

1) 주민투표제도에 대해서는 행정안전부, 『주민투표업무 매뉴얼』, 2010, 참조.

2) [시행 2013. 3. 23.] [법률 제11690호, 2013. 3. 23., 타법개정]

3) [시행 2011. 5. 20.] [중앙선거관리위원회규칙 제347호, 2011. 5. 20., 일부개정]

4) 헌법재판소 2009. 3. 26. 선고 2006헌마99 결정에 의하면, 지방자치법 제13조의 2에서 규정하고 있는 주민투표권은 어디까지나 입법에 의하여 채택된 것일 뿐 헌법에 의하여 이러한 제도의 도입이 보장되고 있는 것이 아니므로 헌법이 보장하는 기본권이 아니라 법률이 보장하는 권리에 불과하며, 따라서 지방자치법 제13조의 2 제2항에 근거하여 제정된 주민투표법이 구체적으로 주민투표의 종류와 대상, 실시요건 및 절차, 그 효력이나 쟁송방법 등을 어떻게 정할 것인가의 문제는 입법자의 광범위한 입법형성의 자유 영역에 속하는 것으로 기본적으로는 국가의 입법정책에 달려 있다고 판시하고 있다.

5) 안전행정부, 『주민참여제도 운영현황』, 2003.

6) 헌법재판소 2007. 6. 28. 선고 2004헌마643 결정.

7) 헌법재판소 2001. 6. 28. 선고 2000헌마735 결정.

8) 헌법재판소 2003. 7. 24. 선고 2002헌마522 결정, 헌법재판소 2007. 4. 26. 선고 2004헌바60 결정.

9) [시행 2009. 5. 28.] [서울특별시조례 제4787호, 2009. 5. 28., 일부개정] 제5조.

10) 서울행정법원 2011. 8. 16.자 2011아2179 결정.

11) 대법원 2002. 4. 26. 선고 2002추23 판결(주민투표법이 제정되기 이전의 사례임); 미군 부대 이전은 지방자치단체의 장의 권한에 의하여 결정할 수 있는 사항이 아님이 명백하므로 지방자치법 제13조의2 소정의 주민투표의 대상이 될 수 없다고 한 사례.

12) 광주지방법원 2006. 7. 6. 선고 2005구합4441 판결; 지방혁신도시 건설안의 채택에 관한 사안은 주민투표법 제7조에 의하여 주민투표의 대상이 되는 자치사무에 해당하지 않는다고 한 사례.

13) 서울행정법원 2011. 8. 16.자 2011아2179 결정; 주민투표에 부칠 수 없는 사항의 하나로 들고 있는 '예산에 관한 사항'이란 지방자치법 제127조 내지 제131조 등에서 말하는 예산안의 편성 및 의결, 집행 등 예산 자체와 직접 관련되는 사항(예컨대 확정된 정책의 시행을 위한 예산의 배정, 의결 및 집행과 같은 사항)을 말하고, 새로운 재정부담이나 예산편성이 필요한 정책수립에 관한 사항은 위 규정에서 말하는 '예산에 관한 사항'에 해당한다고 할 수는 없다고 한 사례.

14) 헌법재판소 2006. 2. 23. 선고 2005헌마268 결정.

15) 헌법재판소 2009. 3. 26. 선고 2006헌마99 결정; 주민투표 발의일 현재 중·저준위 방사성폐기물 처분시설의 유치 여부에 관해 주민투표가 발의된 각 지방자치단체의 관할 구역에 주민등록이 되어 있지 않은 청구인들은 주민투표권자의 지위를 가질 수 없다고 한 사례.

16) 서울행정법원 2011. 8. 16. 자 2011아2179 결정; 주민투표권 있는 서울 시민에게는 '무상급식의 지원 범위에 관한 주민투표 청구의 수리·발의 처분'을 다툴 원고적격이 있으며, 무상급식 지원 범위에 관한 주민투표 청구를 수리·발의하는 것은 서울시장이 공권력의 주체로서 주민의 주민투표 청구에 대하여 수리, 이에 따른 주민투표 실시 여부 및 시기 결정이라는 구체적 사실에 관한 법집행으로써 행하는 공권력의 행사이고, 주민의 권리의무에도 영향을 미치는 행위이므로, 항고소송 대상이 되는 행정처분에 해당한다는 사례.

17) 행정안전부, 『주민투표 개요 및 절차』, 2011.

18) 헌법재판소 2008. 12. 26. 선고 2005헌마1158 결정, 헌법재판소 2001. 6. 28. 선고 2000헌마735 결정, 헌법재판소 2005. 10. 4. 선고 2005헌마848 결정.

IV

조례의 제정과
개폐청구제도

조례란?

헌법 제117조 제1항에서는, 지방자치단체는 법령의 범위 안에서 자치에 관한 규정을 제정할 수 있다고 규정하고 있고, 지방자치법 제22조는 이를 구체화하여 "지방자치 단체는 법령의 범위 안에서 그 사무에 관하여 조례를 제정할 수 있다. 다만, 주민의 권리제한 또는 의무부과에 관한 사항이나 벌칙을 정할 때에는 법률의 위임이 있어야 한다."고 규정하고 있다.

여기서 말하는 법령에는 법률 이외에 대통령령, 총리령 및 부령과 같은 법규명령과 법규명령으로서 기능하는 행정규칙이 포함된다.[1] 또한 '법령의 범위 안에서'란 '법령에 위반되지 않는 범위 내에서'를 가리키므로 지방자치

단체가 제정한 조례가 법령에 위반되는 경우에는 효력이 없다.[2]

조례의 제정권자인 지방의회는 선거를 통해서 그 지역적인 민주적 정당성을 지니고 있는 주민의 대표기관이고, 지방자치단체에 대해 포괄적인 자치권이 헌법으로 보장되고 있는 취지로 볼 때 조례제정권에 대한 지나친 제약은 바람직하지 않다. 따라서 조례에 대한 법률의 위임은 법규명령에 대한 법률의 위임과 같이 반드시 구체적으로 범위를 정하여 할 필요가 없으며 포괄적인 위임도 허용된다.[3]

조례의 제정 절차

조례의 제정·개정 및 폐지에 관한 사항은 지방의회가 의결한다(제39조 제1항 제1호).[4] 지방의회에서 의결할 의안은 지방자치단체장이나 재적의원 5분의 1 이상 또는 의원 10명 이상의 연서로 발의한다(제66조 제1항). 지방자치단체장이 예산상 또는 기금상의 조치를 수반하는 의안을 발의할 경우에는 그 의안의 시행에 수반될 것으로 예상되는 비용에 대한 추계서와 이에 상응하는 재원조달방안에 관한 자료를 의안에 첨부해야 한다. 지방의회는 심사대상인 조례안에 대하여 5일 이상의 기간을 정하여 그 취지, 주요 내용, 전문을 공보나 인터넷 홈페이지 등에 게재하는 방법으로 예고할 수 있다. 조례안 예고의 방법, 절차, 그 밖에 필요한 사항은 지방의회가 회의규칙으로 정한다.

　조례안은 지방의회 재적의원 과반수의 출석과 출석의원 과반수의 찬성으로 의결한다. 조례안이 지방의회에서 의결되면 의장은 의결된 날부터 5일 이내에 그 지방자치단체장에게 이를 이송한다. 이송받은 지방자치단체장은 조례안을 20일 이내에 공포해야 한다. 20일 이내에 공포하지 않거나 지방의회에 재의를 요구하지 않으면 그 조례안은 조례로서 확정된다. 만약 지방자치단체장이 이송받은 조례안에 대하여 이의가 있으면 위 기간에 이유를 붙여 지방의회로 돌려보내 조례안 전부에 대해 재의를 요구할 수 있다. 조례안의 일부에 대하여 또는 조례안을 수정하여 재의를 요구할 수는 없다. 재의요구를 받은 지방의회가 재의에 부쳐 재적의원 과반수의 출석과 출석의원 3분의 2 이상의 찬성으로 전과 같은 의결을 하면 그 조례안은 조례로서 확정된다.

　지방자치단체장은 확정된 조례를 지체 없이 공포하여야 하는데, 지방자치단체장이 공포하지 않으면 지방의회 의장이 공포한다.

지방자치단체장은 법령이나 조례가 위임한 범위에서 그 권한에 속하는 사무에 관하여 규칙을 제정할 수 있다 (제23조). 조례와 규칙은 특별한 규정이 없으면 공포한 날 부터 20일이 지나면 효력을 발생한다. 조례나 규칙을 제 정하거나 개정하거나 폐지한 경우 조례는 지방의회에서 이송된 날부터 5일 이내에, 규칙은 공포예정 15일 전에 광 역자치단체장은 안전행정부장관에게, 기초자치단체장은 광역자치단체장에게 각각 보고해야 하며, 보고를 받은 안 전행정부장관은 이를 관계 중앙행정기관의 장에게 통보 한다.

조례제정과 개폐청구의 행사 절차

지방자치단체의 일정 수 이상의 주민들은 해당 지방자치 단체장에게 조례를 제정하거나 개정하거나 폐지할 것을 청구할 수 있다(제15조 제1항).

그러나 법령을 위반하는 사항, 지방세·사용료·수수 료·부담금의 부과·징수 또는 감면에 관한 사항, 행정기 구를 설치하거나 변경하는 것에 관한 사항이나 공공시설 의 설치를 반대하는 사항에 대해서는 조례를 제정하거나 개정하거나 폐지할 것을 청구할 수 없다.

이와 별개로 청원법에 따라 지방의회에 조례를 제정하거나 개폐를 요청할 수도 있다.

조례제정과 개폐를 청구할 수 있는 사람은 19세 이상의 주민으로서 ① 해당 지방자치단체의 관할 구역에 주민등록이 되어 있는 사람, ② 재외동포의 출입국과 법적 지위에 관한 법률 제6조 제1항에 따라 해당 지방자치단체의 국내거소신고인명부에 올라 있는 국민, ③ 출입국관리법 제10조에 따른 영주의 체류자격 취득일 후 3년이 경과한 외국인으로서 같은 법 제34조에 따라 해당 지방자치단체의 외국인등록대장에 올라 있는 사람(공직선거법 제18조에 따른 선거권이 없는 자는 제외)이다.

그러나 조례제정과 개폐청구는 주민이라고 하여 누구나 청구할 수 있는 것은 아니다. 광역자치단체와 인구 50만 이상 대도시에서는 19세 이상 주민 총수의 1/100~1/70, 기초자치단체에서는 19세 이상 주민 총수의 1/50~1/20의 범위에서 지방자치단체의 조례로 정하는 주민 수 이상이 연서해야 한다(제15조 제1항).

서울특별시 조례[5]에서는 주민이 조례의 제정 및 개폐를 청구할 수 있는 연서 주민의 수는 19세 이상 주민 총수의 1/100 이상으로 정하고 있다.

지방자치단체장은 19세 이상의 주민 총수를 선넌도 12월 31일 현재의 주민등록표와 재외국민국내거소신고표, 외국인등록표에 의하여 산정한 다음 매년 1월 10일까지 19세 이상의 연서대상 주민 총수를 공표해야 한다. 제주특별자치도는 조례에서 주민투표청구권자의 요건을 좀 더 완화하고 있다.

주민들이 조례를 제정하거나 개정하거나 폐지할 것을 청구하려면 청구인의 대표자를 선정하여 청구인명부에 적어야 한다(제15조 제3항). 청구인의 대표자는 청구의 취지와 이유 등을 적은 조례의 제정·개정·폐지 청구서와 조례의 제정·개정·폐지안을 첨부하여 해당 지방자치단체장에 문서로 대표자증명서의 발급을 신청해야 한다. 신청을 받은 해당 지방자치단체장은 대표자가 19세 이상의 주민에게 대표자 증명서를 발급하고 그 취지를 공표한다. 이후 청구인의 대표자는 19세 이상의 주민에게 청구서나 그 사본, 조례의 제정·개정·폐지안 또는 그 사본 및 대표자증명서나 그 사본을 첨부하여 청구인명부에 서명할 것을 요청할 수 있다.

대표자는 19세 이상의 주민에게 서명요청권을 위임할 수 있다. 위임한 때에는 수임자의 성명 및 위임 연월일을 해당 지방자치단체장에게 신고해야 하고, 지방자치단체장은 즉시 위임신고증을 발급해야 하는데, 수임자는 19세 이상의 주민에게 청구인명부에 서명할 것을 요청할 수 있다.

서명은 공표가 있은 날부터 광역자치단체에서는 6개월 이내, 기초자치단체에서는 3개월 이내에 요청해야 한다. 그러나 공직선거법 제33조에 따른 선거기간 중에는 서명을 요청할 수 없다.

19세 이상의 주민이 청구인명부에 서명할 때에는 성명·주민등록번호·주소와 서명일자를 적고 서명하거나 도장을 찍어야 한다. 서명을 한 주민이 그 서명을 취소하려면 대표자가 해당 지방자치단체장에게 청구인명부를 제출하기 전에 취소해야 하고 대표자는 즉시 청구인명부에서 그 서명을 삭제해야 한다. 청구인명부는 기초자치단체에서는 읍·면·동별로 작성하고, 광역자치단체에서는 시·군·자치구별로 읍·면·동으로 구분하여 작성해야 한다.

대표자는 청구인명부에 서명한 19세 이상의 주민의 수가 소정의 주민 수 이상이 되면 서명요청기간이 지난 날부터 광역자치단체에서는 10일 이내에, 기초자치단체에서는 5일 이내에 해당 지방자치단체장에게 청구인명부를 제출해야 한다. 청구인명부가 제출되면 지방자치단체장은 청구를 받은 날부터 5일 이내에 대표자의 성명·주소, 청구취지와 이유, 연서주민수, 청구인명부 열람기간·장소와 이의신청 방법 등을 공표한다. 공표한 날부터 10일간 청구인명부나 그 사본을 공개된 장소에 갖추어두어 열람할 수 있도록 해야 한다.

그런데 지방자치단체장은 청구인명부에 적힌 서명이 정당한 서명자가 아니거나 누구의 서명인가를 확인하기 어려우면 지방자치법 시행령에 의하여 설치하는 조례·규칙심의회의 심의를 거쳐 서명을 무효로 결정하고 청구인명부를 수정한 후 그 사실을 즉시 대표자에게 알려야 한다. 지방자치단체장은 청구인명부에 서명한 19세 이상의 주민 수가 소정의 주민 수에 미치지 못할 때에는 대표자로 하여금 광역자치단체의 경우에는 5일 이내에, 시·군·자치구의 경우에는 3일 이내에 이를 보정하게 할 수 있고, 보정된 청구인명부가 제출되면 열람기간·장소와 이의신청 방법 등을 공표해야 한다.

청구인명부의 서명에 관하여 이의가 있는 자는 위 열람기간에 해당 지방자치단체장에게 이의를 신청할 수 있다. 이의신청을 받은 지방자치단체장은 열람기간이 끝난 날부터 14일 이내에 심사·결정하되, 그 신청이 이유 있다고 결정한 때에는 청구인명부를 수정하고, 이를 이의신청을 한 자와 청구인의 대표자에게 알려야 하며, 그 이의신청이 이유 없다고 결정한 때에는 그 뜻을 즉시 이의신청을 한 자에게 알려야 한다.

한편 지방자치단체장이 조례의 제정과 개폐의 청구를

수리하거나 각하하려는 경우에는 미리 지방자치단체에 설치해야 하는 '조례·규칙심의회'의 심의를 거쳐야 한다 (시행령 제17조 제1항).

지방자치단체장은 이의신청이 없는 경우 또는 제기된 모든 이의신청에 대하여 그에 따른 결정이 끝난 경우 적법한 청구의 요건을 갖춘 때에는 청구를 수리하고, 그렇지 않은 때에는 청구를 각하한다.[6] 청구를 각하하려면 청구인의 대표자에게 의견을 제출할 기회를 주어야 한다.

지방자치단체장이 조례의 제정 및 개폐청구를 수리하게 되면 그날부터 60일 이내에 조례의 제정안·개정안 또는 폐지안을 지방의회에 부의해야 한다. 이때 주민청구조례안에 대하여 의견이 있으면 그 의견을 첨부할 수 있다.

지방자치단체장은 조례의 제정 및 개폐청구를 수리 또는 각하하거나 지방의회에 부의하게 되면 그 사실을 청구인의 대표자에게 알려야 한다.

지방의회는 심사 안건으로 부쳐진 주민청구조례안을 의결하기 전에 청구인의 대표자를 회의에 참석시켜 그 청구취지를 들을 수 있고 질의·답변을 할 수도 있다. 주민청구조례안의 심사절차에 관하여 필요한 사항은 지방의회가 회의규칙으로 정한다(제15조의 2 제3항).

지방의회는 주민이 청구한 조례안을 반드시 의결할 의

무는 없다. 이를 그대로 의결하거나 혹은 이를 수정하거나 심지어 부결(폐기)할 수도 있다.[7] 그 결과에 대해서는 의결된 조례안이 상위법령에 위반되지 않는 한 법적인 구제수단은 없다. 다만 지방의회의원은 주민소환청구의 대상이 될 수 있으며 다음 선거에서 정치적인 책임을 지게 될 것이다.

주민 조례제정·개폐청구 절차[8]

주민 총수 공표

- 자치단체장은 전년도 12월 31일 현재 주민등록표에 의하여 조사한 19세 이상의 주민 총수를 산정하여 매년 1월 10일까지 공표

청구인대표자 증명 및 서명 요청권 위임

- 청구인대표자는 인적사항과 조례청구의 취지 및 이유 등을 적은 조례의 제정·개정·폐지 청구서 및 주민청구 조례안을 첨부하여 자치단체장에게 대표자증명서 발급 신청
- 자치단체장은 청구인대표자가 조례청구권자인지 여부를 확인 후 대표자증명서를 발급하고 그 취지를 공표
- 청구인대표자는 19세 이상 주민에게 서명요청권을 위임하고자 할 경우에는 자치단체장에게 신고
  - 단체장은 수임자가 조례청구권자인지 여부를 확인 후 서명요청권 위임신고증을 발급

서명 및 청구인명부 작성

- 대표자 또는 수임자는 서명요청기간 동안 자격있는 주민을 대상으로 청구인명부에 서명을 요청
  - 서명요청기간: 대표자증명서 발급·취지 공표가 있은 날부터 6개월 이내(시·도)/ 3개월 이내(시·군·자치구)
- 서명자는 청구인명부에 성명, 주민등록번호, 주소, 서명 연월일 등을 적은 후 서명
- 청구인명부는 읍·면·동별 및 시·군·자치구별로 작성

청구인명부 제출·확인 및 공표

- 청구인대표자는 서명요청기간이 지난 날부터 10일(시·도)/5일 (시·군·자치구) 이내에 자치단체장에게 청구인명부를 제출
- 자치단체장은 대표자 성명·청구취지 및 이유, 연서주민수, 청구인 명부 열람기간·장소, 이의신청방법 등을 공표

청구인명부 열람 및 이의신청

- 자치단체장은 청구인명부 사본을 10일간 공개된 장소에 비치·열람
- 열람기간 내 서명에 이의 있는 자는 자치단체장에게 이의신청
- 열람기간이 끝난 날부터 14일 이내 이의신청을 심사·결정하고, 이를 즉시 청구인대표자와 이의신청인에게 통지
- 자치단체장은 정당한 서명자가 아니거나 누구의 서명인지 확인하기 어려운 경우 조례·규칙심의회 심의를 거쳐 서명을 무효로 결정하고 청구인명부를 수정한 후 대표자에게 통보
- 이의신청 및 유효서명의 확인에 따른 심사결정으로 청구가능 주민수에 미달하는 경우 청구인명부 보정기간 부여(시·도는 5일 이내, 시·군·자치구는 3일 이내)

청구수리 최종결정 및 지방의회 부의

- 조례·규칙심의회 심의를 거쳐 수리 또는 각하(요건 미달)
  ▸ 각하하는 경우 청구인대표자에게 의견제출 기회 부여
- 각하 시 자치단체장은 그 사유를 공표, 청구인대표자에게 통지
- 수리 시 자치단체장은 조례안에 대해 의견이 있는 경우 이를 첨부하여 지방의회에 부의(청구를 수리한 날로부터 60일 이내 부의)

조례는 헌법이나 법령에 위반해서는 안 되며, 기초자치단체의 조례나 규칙은 광역자치단체의 조례나 규칙을 위반하여서는 안 된다(제24조). 상위법령에 위반되는 조례는 무효이다.[9]

조례가 법령에 위배되는지는 법령과 조례의 각각의 규정 취지, 규정의 목적과 내용 및 효과 등을 비교하여 양자 사이에 모순·저촉이 있는지에 따라서 개별적·구체적으로 결정해야 한다.[10]

지방자치단체는 그 고유사무인 자치사무와 개별법령에 의하여 지방자치단체에 위임된 단체위임사무에 관해 자치조례를 제정할 수 있지만, 그 경우라도 주민의 권리제한 또는 의무부과에 관한 사항이나 벌칙을 정할 때에는 법률의 위임이 있어야 한다.[11]

기관위임사무에 관하여 제정되는 이른바 위임조례는 개별법령에서 일정한 사항을 조례로 정하도록 위임하고 있는 경우에 한하여 제정할 수 있다.[12] 따라서 주민의 권리제한 또는 의무부과에 관한 사항이나 벌칙에 해당하는 조례를 제정할 경우에는 그 소례의 성질을 묻지 아니하고 법률의 위임이 있어야 하고 그러한 위임 없이 제정된 조

례는 효력이 없다.[13]

　지방자치단체는 조례를 위반한 행위에 대하여 조례로 써 1천만 원 이하의 과태료를 정할 수 있다(제27조 제1항). 과태료는 그 지방자치단체의 조례로 정하는 바에 따라 해당 지방자치단체장이나 그 관할 구역 안의 지방자치단체 장이 부과·징수한다. 과태료 처분에 불복하는 자는 그 처분을 고지받은 날부터 30일 이내에 해당 지방자치단체장에게 이의를 제기할 수 있고, 그 지방자치단체장은 지체 없이 관할 법원에 그 사실을 통보해야 한다. 통보를 받은 관할 법원은 비송사건절차법에 따른 과태료 재판을 한다. 이 기간에 이의를 제기하지 않고, 과태료를 내지 않으면 지방세 체납처분의 예에 따라 징수한다.

조례에 대한 통제

지방자치단체장은 지방의회의 의결이 월권이거나 법령에 위반되거나 공익을 현저히 해친다고 인정되면 그 의결 사항을 이송받은 날부터 20일 이내에 이유를 붙여 재의를 요구할 수 있다(제107조 제1항). 재의한 결과 재적의원 과반수의 출석과 출석의원 3분의 2 이상의 찬성으로 전과 같은 의결을 하면 그 의결사항은 확정된다. 다만 지방자치단체장은 재의결된 사항이 법령에 위반된다고 인정되면 20일 이내에 대법원에 소를 제기할 수 있고, 필요하면 그 의결의 집행을 정지하게 하는 집행정지결정을 신청할 수도 있다.

조례안의 일부 규정이 법령에 위반되면, 다른 규정이 법령에 위반되지 않는다고 하더라도 조례안에 대한 재의결은 전체적으로 그 효력이 부정된다.[14]

1) 헌법재판소 2002. 10. 31. 선고 2002헌라2 결정, 헌법재판소 1992. 6. 26. 선고 91헌마25 결정.

2) 대법원 2007. 2. 9. 선고 2006추45 판결; 정부업무평가기본법 제18조에서 지방자치단체의 장의 권한으로 정하고 있는 자체평가업무에 관한 사항에 대하여 지방의회가 견제의 범위 내에서 소극적·사후적으로 개입한 정도가 아니라 사전에 적극적으로 개입하는 내용을 지방자치단체의 조례로 정하는 것은 허용되지 않는다고 본 사례.

3) 헌법재판소 1995. 4. 20. 선고 92헌마264 등 결정.

4) 각 지방자치단체의 조례는 '자치정보법규시스템(http://www.elis. go.kr)'에서 확인할 수 있다.

5) 서울특별시 자치법규의 입법에 관한 조례 [시행 2011. 12. 29.] [서울특별시조례 제5203호, 2011. 12. 29., 일부개정] 제27조.

6) 헌법재판소 2009. 7. 30. 선고 2007헌바75 결정; 법령을 위반하는 사항에 관한 주민의 조례제정청구를 지방자치단체의 장이 각하하도록 한 구 지방자치법 제13조의3 제1항 제1호 및 제6항은 명확성 원칙에 위배되지 않으며, 지방자치의 제도적 보장에도 반하지 않는다고 한 사례.

7) 2008년 촛불시위 이후 서울시(시장 오세훈)가 서울광장의 사용을 허가제로 운영하는 내용의 조례를 만들자 참여연대 등 시민단체들은 2009년 12월 29일 서울시민 10만여 명의 서명을 받아 서울시장에게 조례의 개정을 청구하였다. 서울시장은 2010년 3월 11일 서울시의회에 '서울특별시 서울광장의 사용 및 관리에 관한 조례' 일부 개

정안을 제출하였다. 당시 오세훈 서울시장과 같은 당(한나라당) 소속 의원들이 90% 이상을 차지하고 있던 7대 서울시의회는 임기만료일인 2010년 6월 30일 본회의에서 위 조례안을 부결 처리하였다.

한편 2010년 6월 실시된 지방선거에서 8대 서울시의회를 과반수 이상 장악한 야당(민주당) 의원들은 2010년 8월 13일 열린 제224회 임시회 본회의에서 서울광장의 사용목적을 확대하고 사용허가제를 신고제로 바꾸는 '서울특별시 서울광장의 사용 및 관리에 관한 조례 일부개정조례안'을 통과시켰다.

8) 안전행정부의『2013년 주민참여 활성화 설명회』등 자료에서 인용.

9) 대법원 2011. 4. 28. 선고 2011추18 판결; 지방의회가 의결로 집행기관 소속 특정 공무원에 대하여 의원의 자료제출 요구에 성실히 이행하지 않았다는 구체적인 징계사유를 들어 징계를 요구할 수 있다는 취지의 '서울특별시 서초구 행정사무감사 및 조사에 관한 조례 중 일부 개정 조례안' 제12조 제6항은 법령에 없는 새로운 견제장치로서 지방의회가 집행기관의 고유권한을 침해하는 것으로서 위법하다고 한 사례.

10) 대법원 2013. 9. 27. 선고 2011추94 판결; 시·도지사의 승인을 받을 필요 없는 경미한 조성계획의 변경을 신설하는 내용의 제주특별자치도 조례안에 대하여 제주특별자치도지사가 재의를 요구하였으나 제주특별자치도의회가 원안대로 재의결한 사안에서, 관광진흥법 제54조 제1항이 조성계획을 변경할 때에는 시·도지사의 승인을 받을 필요가 없는 '경미한 사항'을 대통령령으로 정하도록 규정하고 있고, 같은 법 시행령 제47조 제1항에서 '경미한 사항'을 제1호부터 제3호까지 열거하고 있음에도, 위 조례안이 관광진흥법 시행령 제47조 제1항에 없는 내용을 규정한 것은 상위 법령에 위배되어 효력이 없다고 한 사례.

11) 대법원 2004. 6. 11. 선고 2004추41 판결, 대법원 2006. 10. 12. 선고 2006추38 판결.

12) 대법원 1999. 9. 17. 선고 99추30 판결, 대법원 2000. 5. 30. 선고 99추
    85 판결 등.

13) 대법원 2007. 12. 13. 선고 2006추52 판결.

14) 대법원 2000. 11. 10. 선고 2000추36 판결.

V

주민의 감사청구제도

주민감사청구제도란?

주민감사청구제도는 주민들이 당해 지방정부의 감사대상을 직접 건의하는 제도이다. 이는 일반 국민이 국가기관인 감사원에 중앙행정기관 등에 대한 감사를 청구할 수 있는 '국민감사청구제도'와 유사한 제도이다.[1]

이 제도는 지역주민들로부터 지방자치단체의 부당한 처분, 불편사항, 지방행정 비리, 고질적 토착비리 등에 관한 신고를 받아 주민들의 입장에서 감사를 실시하려는 것이다. 그 감사과정과 처리결과가 모두 주민들에게 투명하게 공개됨으로써 권력의 집중을 방지하고 자치행정의 합리성을 구현할 수 있어 지역주민들의 복지를 증신하는 데에 의의가 매우 크다.

19세 이상의 주민이라면 광역자치단체는 500명, 인구 50만 이상 대도시는 300명, 그 밖의 기초자치단체는 200명을 넘지 않는 범위에서 그 지방자치단체의 조례로 정하는 바에 따라 감사를 청구할 수 있다(제16조 제1항).

서울특별시 조례에 의하면, 서울시와 서울시장의 권한에 속하는 사무에 대하여 주무부장관에게 하는 주민감사청구는 19세 이상의 주민 300명 이상의 연서(제14조 제2항), 서울특별시의 자치구와 그 단체장의 권한에 속하는 사무에 대하여 서울특별시장에게 하는 주민감사청구는 해당 자치구의 조례로 정하는 수 이상의 주민 연서에 한다고 규정하고 있다.[2]

또한 이 조례는 서울시로 하여금 주민의 감사청구 등을 심의·의결하기 위하여 시장 소속으로 서울특별시 감사청구심의회를 두도록 하고 있다. 특히 서울시는 자체적으로 시민감사옴부즈만 제도를 시행하여 주민감사청구사항에 대한 감사뿐만 아니라 19세 이상의 시민 50명 이상의 연서를 받은 대표자나 시민단체의 대표자가 청구하는 감사에 대해서도 감사를 실시할 수 있도록 하고 있는 점이 특징이다(조례 제3조 이하, 제20조).

일정 수 이상의 주민들은 지방자치단체와 그 장의 권한에 속하는 사무의 처리가 법령에 위반되거나 공익을 현저히 해친다고 인정되면 감사를 청구할 수 있다(제16조 제1항).

주민감사청구는 광역자치단체에서는 중앙정부의 주무부장관에게, 기초자치단체에서는 광역자치단체장에게 청구한다. 청구하는 감사 내용이 둘 이상의 부처와 관련되거나 주무부장관이 불분명한 경우에는 안전행정부장관에게 감사를 청구할 수 있고, 청구를 받은 안전행정부장관은 관계 부처와 협의를 거쳐 처리 주무부처를 지정하고 그 부처로 하여금 관계 부처 간 협의를 통하여 주민감사청구를 일괄 처리하도록 요청할 수 있다.

그러나 수사나 재판에 관여하게 되는 사항, 개인의 사생활을 침해할 우려가 있는 사항, 다른 기관에서 감사하였거나 감사 중인 사항 및 동일한 사항에 대하여 주민소송이 진행 중이거나 그 판결이 확정된 사항은 감사청구의 대상에서 제외된다. 하지만 다른 기관에서 감사한 사항이라도 새로운 사항이 발견되거나 중요 사항이 감사에서 누락된 경우와 공금의 지출에 관한 사항, 재산의 취득·관리·처분에 관한 사항, 해당 지방자치난체를 딩사자로 히는 매매·임차·도급 계약이나 그 밖의 계약의 체결·이행에 관한 사항 또는 지방세·사용료·수수료·과태료 등 공금의 부과·징수를 게을리한 사항 등 주민소송의 대상이 되는 경우는 감사청구의 대상이 된다.

주민감사청구는 사무처리가 있었던 날이나 끝난 날부터 2년이 지나면 제기할 수 없다.

주민의 감사청구 절차에 관해서는 앞서 본 조례의 제정이나 개폐절차를 준용하고 있다(제16조 제9항). 다만, 주민 감사청구의 요건 심사와 주민 감사청구인명부에 적힌 유효 서명의 확인, 청구인명부의 서명에 관한 이의신청의 심사·결정 등에 관한 심의·의결은 '조례·규칙심의회'가 아니라 지방자치법 시행령 제26조에 따라 해당 자치단체에 설치되는 '감사청구심의회'에서 행한다.

주무부장관이나 광역자치단체장은 이의신청에 대한 심사·결정을 하려는 경우에는 미리 감사청구심의회의 심의를 거쳐야 한다.

주민감사청구 절차[3)]

감사청구인 대표자 증명

- 19세 이상의 주민 중 감사를 청구하고자 하는 청구인의 대표자는 주무부장관 또는 시·도지사에게 문서로 대표자증명서 교부 신청

- 시·도 → 주무부장관, 시·군·구 → 시도지사에게 감사청구

감사청구인 서명요청

- 대표자는 증명서를 교부한 날부터 시·도에 있어서는 6월 이내, 시·군·구는 3월 이내에 주민을 대상으로 청구인 명부에 서명 요청

- 19세 이상의 주민 중 조례가 정하는 일정 수 이상 주민 서명 필요
- 시·도는 500명, 50만 명 이상 대도시는 300명, 그 밖의 시·군 및 자치구는 200명을 초과하지 않는 범위 내에서 청구

감사청구인 명부 제출

- 서명요청기간이 경과한 날부터 시·도에 있어서는 10일 이내, 시·군·구에 있어서는 5일 이내 주무부장관과 시·도지사에게 청구인명부 제출

- 주무부장관, 시·도지사는 청구인명부를 공개된 장소에 비치·열람

청구인명부 보정

- 주무부장관 또는 시·도지사는 청구인명부에 서명한 주민 수 미달 시 대표자로 하여금 시·도는 5일, 시·군·구는 3일 이내 보정 허용

- 청구인명부의 이상 유무에 대해서는 감사청구심의회가 심사

감사 실시 결과 통지

> • 주무부장관 또는 시·도지사는 감사청구를 수리한 날부터 60일 이
> 내에 감사를 종료하고 감사결과를 대표자와 자치단체장에게 서면
> 통지·공표

• 감사기간 연장 시 청구인대표자와 자치단체장에게 통지·공표
• 기간 내 감사 종료가 어려운 정당한 사유발생 시 감사기간 연장

감사결과 조치 요구

> • 주무부장관 또는 시·도지사는 당해 자치단체장에게 감사결과에
> 따라 기간을 정하여 필요한 조치를 요구, 요구 내용 통지·공표

• 주무부장관 또는 시·도지사는 감사결과 조치 요구 내용 통지·공표

조치 요구 이행 및 보고

> • 당해 자치단체장은 조치 요구를 성실히 이행하고 그 조치결과를 지
> 방의회와 주무부장관 또는 시·도지사에게 보고

• 주무부장관 또는 시·도지사는 자치단체장의 조치결과 통지·공표

주민소송 제기

> • 주민감사청구 사항이 위법한 재무회계행위와 관련된 경우에는 소
> 송제기 사유가 발생한 경우에 한해 주민소송 제기

주무부장관이나 광역자치단체장이 감사를 실시하거나 감사결과에 따른 필요 조치를 요구하는 경우에는 '지방자치단체에 대한 행정감사규정'[4]에서 정하는 바에 따라야 한다(시행령 제21조).

이에 의하면 감사란 주무부장관, 안전행정부장관 또는 광역자치단체장이 지방자치법 제167조, 제171조 및 제171조의 2에 따라 지방자치단체나 그 장이 위임받아 처리하는 국가사무, 시·군 및 자치구나 그 장이 위임받아 처리하는 특별시·광역시 또는 도의 사무 및 지방자치단체의 자치사무에 관한 업무와 활동 등을 조사·점검·확인·분석·검증하고 그 결과를 처리하는 것을 말한다(지방자치단체에 대한 행정감사규정 제2조).

감사는 주무부장관과 안전행정부장관이 지방자치단체에 대하여 같은 기간 동안 함께 실시하는 정부합동감사와 시·도지사가 시·군 및 자치구의 감사대상사무 전반에 대하여 실시하는 시도종합감사, 주무부장관, 안전행정부장관 또는 시·도지사가 지방자치단체의 감사대상사무 중 특정한 분야에 대하여 실시하는 특정감사 및 안전행정부장관 또는 시·도지사가 감사대상 지방자치단체에 소속된 사람이 감사대상 사무와 관련하여 법령과 직무상 명령을 준수하는지 여부 등 그 복무에 대하여 실시하는 복무 감사 등으로 구분된다(같은 규정 제3조).

감사는 연간 감사계획에 따라 감사를 실시하되, 정부합동감사와 시도종합감사는 2년의 범위에서 주무부장관, 안전행정부장관 또는 시·도지사가 정하는 기간마다 정기적으로 실시한다(같은 규정 제9조).

주무부장관이나 광역자치단체장은 주민 감사청구를 처리할 때에 필요하면 관계 부처의 장이나 지방자치단체장에게 자료 요구나 관계 공무원의 지원 등 협조 요청을 할 수 있다.

만약 주민이 감사를 청구한 사항이 다른 기관에서 이미 감사한 사항이거나 감사 중인 사항이면 주무부장관이나 광역자치단체장은 감사 업무의 처리와 관련하여 그 감사기관에 감사 진행 여부를 확인할 수 있으며, 그 기관에서 실시한 감사결과 또는 감사 중인 사실과 감사가 끝난 후 그 결과를 알리겠다는 사실을 청구인의 대표자와 해당 기관에 알려야 한다. 감사가 끝나면 그 감사결과에 대하여 자료의 제출 등 필요한 협조를 요청할 수 있고 협조 요청을 받은 관계 부처의 장, 지방자치단체장 및 감사기관은 정당한 사유가 없으면 협조해야 한다.

주무부장관이나 광역자치단체장은 감사청구를 수리한 날부터 60일 이내에 감사청구된 사항에 대하여 감사를 끝내야 하며, 감사결과를 청구인의 대표자와 해당 지방자치단체장에게 서면으로 알리고, 공표해야 한다(제16조 제3항).

또한 지체 없이 감사 실시 개요와 청구 대상 사무 처리의 적법 여부에 대한 감사결과를 관보, 지방자치단체의 공보, 게시판·전산망 또는 일간신문에 게시하거나 게재하는 방법으로 공표해야 한다.

주무부장관이나 광역자치단체장은 주민 감사청구를 처리할 때 청구인의 대표자에게 반드시 증거 제출 및 의견 진술의 기회를 주어야 한다.

주무부장관이나 광역자치단체장은 감사결과에 따라 기간을 정하여 해당 지방자치단체장에게 필요한 조치를 요구할 수 있다(제16조 제6항). 이 경우 그 지방자치단체장은 이를 성실히 이행해야 하고 그 조치결과를 지방의회와 주무부장관 또는 광역자치단체장에게 보고해야 한다. 주무부장관이나 광역자치단체장은 조치 요구 내용과 지방자치단체장의 조치결과를 청구인의 대표자에게 서면으로 알리고, 공표해야 한다.

1) 부패방지 및 국민권익위원회의 설치와 운영에 관한 법률 제72조.
2) 서울특별시 시민감사옴부즈만 운영 및 주민감사청구에 관한 조례 [시행 2012. 7. 30.] [서울특별시조례 제5317호, 2012. 7. 30., 타법개정]
3) 행정안전부,『주민감사청구자료』, 2012 및 안전행정부,『주민투표·소환·소송 업무편람』, 2013, 190~191쪽 참조.
4) [시행 2013. 3. 23.] [대통령령 제24425호, 2013. 3. 23., 타법개정]

VI

주민소송제도

주민소송제도란?

주민소송이란 지방자치단체의 위법한 재무회계 행위에
대하여 지역주민이 자기의 권리·이익에 관계없이 그 시
정을 법원에 청구하는 제도를 말한다.

　즉, 주민소송이란 지방자치법의 주민감사청구만으로는
지방자치단체의 위법한 재무회계 행위의 시정이 이루어
지지 않는다고 판단할 경우 지방자치단체의 주민이 그 지
방자치단체의 재무회계 행위가 적정하게 운영되도록 하
기 위하여 당해 지방자치단체(그 기관 또는 직원)에 의한 위
법한 재무회계 행위 또는 지방세 등 공금의 부과·징수를
게을리한 사항에 관하여 이를 중지 또는 시정하도록 하거
나 그로 인한 손해를 회복하도록 하기 위해 법원에 당해

지방자치단체장을 상대방으로 하여 그 위법 여부 등의 판단을 구하는 소송을 말한다(제17조 제1항).[1]

2005년 주민소송법이 처음 도입된 후 지방의회의 불법적인 의정비 인상분에 대해 그 환수를 요구하는 주민소송이 많이 제기되었고, 주민 승소판결이 선고된 바 있다.[2]

주민소송의 청구대상

주민소송은 ①공금의 지출에 관한 사항,[3] ②재산의 취득·관리·처분에 관한 사항, ③해당 지방자치단체를 당사자로 하는 매매·임차·도급 계약이나 그 밖의 계약의 체결·이행에 관한 사항, ④지방세·사용료·수수료·과태료 등 공금의 부과·징수를 게을리한 사항 등 네 가지 사항에 대해 감사청구한 주민이 감사결과에 불복할 경우에 그 감사청구한 사항과 관련이 있는 위법한 행위나 업무를 게을리한 사실에 대하여 해당 지방자치단체장을 상대방으로 하여 제기하는 소송을 말한다.

이처럼 주민소송은 주민감사를 청구한 사항이 위와 같이 위법한 재무회계 행위에 해당하는 경우에 한해 주민소송을 인정하고 있다.

주민감사청구는 '지방자치단체와 그 단체장의 권한에

속하는 사무의 처리가 법령에 위반되거나 공익을 현저히 해한다고 인정되는 경우'가 그 대상이므로, 어떠한 사무의 처리가 반드시 위법할 것을 요구하지 않으나, 주민소송에 있어서는 반드시 어떠한 재무회계 행위가 위법할 것을 요하므로 이 점에서 양자 간에는 결정적인 차이가 있다. 해당 사항의 사무처리에 관한 권한이 소속 기관의 장에게 위임된 경우에는 그 소속 기관의 장을 상대방으로 한다.

주민소송 추진절차[4]

주민감사 제기·실시

- 주민감사청구: 시·도는 500명, 50만 이상 대도시는 300명, 기타 시·군·구는 200명 이내(조례로 규정)의 서명
- 주민감사결과: 감사미실시, 감사결과 등에 대한 불복

주민소송 제기

- 주민감사청구를 경유한 주민은 주민소송 제기요건이 충족될 경우에 한해 주민소송 제기(이 경우 1인도 소송제기 가능)

- 주무부장관 또는 시·도지사가 주민감사청구를 수리한 날부터 60일이 경과해도 감사를 종료하지 않은 경우
- 주민감사의 결과에 불복할 경우
- 주민감사결과에 따른 조치 요구를 지자체장이 이행하지 않은 경우
- 주민감사결과에 따른 지자체장의 이행조치에 불복하는 경우

소송 고지

- 당해 자치단체장은 소송제기로 권리·이익의 침해를 받을 제3자나 손해배상 등의 책임을 질 당사자에게 지체 없이 소송 고지를 해줄 것을 법원에 신청

소송이 계속 중인 때는 다른 주민은 별도로 동일 소송 제기 불가

소송참가 및 소송수계

- 국가, 상급 자치단체, 감사청구 연서 주민, 소송 고지 받은 자는 소송참가 가능
- 소송 중 원고 사망 등 사유발생 시 타 주민 소송수계 가능

법원의 결정 및 심리 후 판결(행정소송 절차와 동일하게 3심제)

법원판결에 따른 조치

- 당해 지방자치단체는 법원의 확정 판결에 따른 조치의무 발생
  (소송 유형에 따라 행위 중지, 향후 동일한 사항의 행정처분 금지 등)
- 주민 승소 시 당해 자치단체에 대해 변호사 비용 등 실비 청구 가능

주민이 제기할 수 있는 소송은 다음과 같이 네 가지로 구분할 수 있다(제17조 제2항).

첫째, 해당 행위를 계속하면 회복하기 곤란한 손해를 발생시킬 우려가 있는 경우에는 그 행위의 전부나 일부를 중지할 것을 요구하는 소송이다. 이는 '중지청구소송'으로서 흔히 1호 소송이라고 한다. 그러나 이러한 중지청구소송은 해당 행위를 중지할 경우 생명이나 신체에 중대한 위해가 생길 우려가 있거나 그 밖에 공공복리를 현저하게 저해할 우려가 있으면 제기할 수 없다(제17조 제3항).

둘째, 행정처분인 해당 행위의 취소 또는 변경을 요구하거나 그 행위의 효력 유무 또는 존재 여부의 확인을 요구하는 소송이다. 이는 '취소·무효확인소송'으로서 2호 소송이라고 한다.

1호의 중지소송이 사전 억제 수단인 데 반해 2호 소송은 사후구제 수단이다. 2호 소송은 소송의 대상이 되는 재무회계 행위가 행정처분으로서의 성격을 갖고 있을 때, 행정처분의 공정력을 배제시키기 위한 취소 청구와 행정처분이 무효 내지 부존재하기 때문에 공정력이 발생하지 않는다는 것을 확인하는 무효확인청구를 인정한 것이다. 행정행위의 공정력이란 행정행위의 하자가 존재하더라도 그 하자가 당연 무효가 아닌 한 권한 있는 기관에 의해 취소되기 전에는 일응 유효한 것으로 추정되는 효력을 말한다. 2호 소송은 행정처분의 취소판결의 구속력에 의해서 지방자치단체가 장래 동일한 행정처분을 반복할 가능성을 제거할 수 있다는 점에서 중요하다.

셋째, 게을리한 사실의 위법 확인을 요구하는 소송이다. 이는 '부작위위법확인소송'이며, 3호 소송이라고 한다.

지방자치단체가 위법하게 지방세·사용료·수수료 등의 부과·징수나 각종 재산상 청구권 등의 행사를 게을리하면 공공재산에 손실을 가져오게 되고 재무행정의 공정성을 확보할 수 없게 되므로, 3호 소송은 이러한 태만을 견제하여 지방자치단체의 재산적 이익을 지키기 위해 주민에게 부여된 제도이다. 3호 소송은 주민소송의 청구대상 중 직무수행을 게을리한다는 부작위를 대상으로 한다는 점에서 적극적 행위를 대상으로 하는 1호 내지 2호 소송과 구별된다.

3호 소송은 단지 직무수행을 게을리한다는 사실 외에도 그 부작위가 위법해야 하고 사실심(2심)의 변론종결시까지 그러한 사실이 존재해야 한다. 그때까지 지방자치단체장이 부작위를 중단하고 작위처분을 하게 되면 종료된다. 3호 소송을 인정하는 판결이 확정되면 낭해 시빙자치단체는 확정판결에 기초하여 직무수행을 게을리한 사실을 시정할 수 있는 새로운 작위처분 등을 해야 한다.

넷째, 해당 지방자치단체장 및 직원, 지방의회의원, 해당 행위와 관련이 있는 상대방에게 손해배상청구 또는 부당이득반환청구를 할 것을 요구하는 소송이다. 이는 '손해배상청구 요구소송'으로서 4호 소송이라고 한다. 그 지방자치단체의 직원이 지방재정법 제94조나 회계관계 직원 등의 책임에 관한 법률 제4조에 따른 변상책임을 져야 하는 경우에 변상명령을 할 것을 요구하는 소송을 말한다.

4호 소송은 주민이 개인으로서의 지방자치단체장이나 직원을 직접 피고로 삼지 않고 지방자치단체장 등을 피고로 하여 위법한 행위에 대해 책임이 있는 당사자(개인으로서의 단체장, 직원, 지방의회 의원, 상대방)에게 손해배상 또는 부당이득의 반환을 청구할 것을 요구하는 의무이행소송의 한 형태이다. 다만, 지방재정법 등에서 회계관계공무원의 경우 변상 책임에 있어 고의·중과실을 요구하는 규정이 마련되어 있는 점을 감안하여 회계관계공무원의 경우에는 변상 명령을 할 것을 요구하는 소송 형태를 추가한 것이다. 현행 행정소송법에서는 행정심판의 경우와 달리 행정소송에서는 의무이행소송을 인정하지 않고 있는데 이에 대한 특례를 정하고 있는 것이다.

4호 소송에서 손해배상 또는 부당이득반환의 청구를

명하는 판결이 확정되면, 해당 지방자치단체장은 판결이 확정된 날부터 60일 이내의 기한을 지켜 당사자에게 그 판결에 따라 결정된 손해배상금이나 부당이득반환금의 지불을 청구해야 한다(제18조 제1항). 다만, 손해배상금이나 부당이득반환금을 지불해야 할 당사자가 지방자치단체장이면 지방의회 의장이 지불을 청구한다.

그런데 4호의 손해배상 이행청구소송의 경우에는 통상의 민법상 손해배상청구소송과 마찬가지로 그 성립요건으로서 위법성, 고의·과실, 손해의 발생, 인과관계 등이 필요하다. 따라서 지방자치단체장 및 직원의 재무회계 행위에 위법사유가 존재하더라도 그 행위자에게 고의 또는 과실이 없거나 지방자치단체에 손해가 발생하지 않은 경우에는 주민소송에 의한 책임을 지지 않는다.

주민소송의 제소기간

주민소송은 주민감사청구 전치주의를 채택하고 있으므로, 주민소송을 제기하기 위해서는 먼저 주민감사를 청구해야 한다.

주민감사청구를 한 주민은 다음의 어느 하나에 해당하는 경우에 그 감사청구한 사항과 관련이 있는 위법한 행위나 업무를 게을리한 사실에 대해 해당 지방자치단체장을 상대방으로 하여 소송을 제기할 수 있다.

첫째, 주무부장관이나 광역자치단체장이 감사청구를 수리한 날부터 60일이 지나도 감사를 끝내지 않은 경우이다. 이때는 해당 60일이 끝난 날부터 90일 이내에 제기해야 한다(제17조 제4항). 감사기간이 연장된 경우에는 연장기간이 끝난 날부터 기산한다.

둘째, 주무부장관이나 광역자치단체장이 행한 감사결과 또는 필요한 조치의 요구에 불복하는 경우이다. 이때에는 해당 감사결과나 조치요구내용에 대한 통지를 받은 날부터 90일 이내에 제기해야 한다.

셋째, 주무부장관이나 광역자치단체장의 조치요구를 지방자치단체장이 이행하지 않은 경우이다. 이 경우에는 해당 조치를 요구할 때에 지정한 처리기간이 끝난 날부터 90일 이내에 제기해야 한다.

넷째, 지방자치단체장의 이행조치에 불복하는 경우이다. 이때에는 해당 이행조치 결과에 대한 통지를 받은 날부터 90일 이내에 제기해야 한다.

주민소송은 해당 지방자치단체의 사무소 소재지를 관할하는 행정법원의 관할로 한다(제17조 제9항). 현재 서울특별시를 관할로 하는 서울행정법원만이 설치되어 있는데, 행정법원이 설치되지 않은 지역에서는 해당 지역의 지방법원을 말한다. 이미 주민소송이 진행 중이면 다른 주민은 같은 사항에 대하여 별도의 소송을 제기할 수 없다.

　주민소송은 비재산권을 목적으로 하는 소송으로 간주한다. 해당 지방자치단체장은 1호 소송부터 3호 소송이 제기된 경우 그 소송 결과에 따라 권리나 이익의 침해를 받을 제3자가 있으면 그 제3자에 대하여, 4호 소송이 제기된 경우 그 직원, 지방의회의원 또는 상대방에 대하여 소송고지해줄 것을 법원에 신청해야 한다(제17조 제10항). 국가, 상급 지방자치단체 및 감사청구에 연서한 다른 주민과 소송고지를 받은 자는 법원에서 계속 중인 소송에 참가할 수 있다. 4호 소송이 제기된 경우에 지방자치단체장이 한 소송고지신청에 의하여 그 소송에 관한 손해배상청구권 또는 부당이득반환청구권은 시효가 중단된다. 시효중단의 효력은 그 소송이 끝난 날부터 6개월 이내에 재판상 청구, 파산절차참가, 압류 또는 가압류, 가처분을 하지 않으면 효력이 생기지 않는다.

주민소송에서 당사자는 법원의 허가를 받지 않고는 소의 취하, 소송의 화해 또는 청구의 포기를 할 수 없다(제17조 제14항). 법원은 소의 취하 등을 허가하기 전에 주민감사청구에 연서한 다른 주민에게 이를 알려야 하며, 알린 때부터 1개월 이내에 허가 여부를 결정해야 한다. 이 경우 법원은 주민감사청구서에 적힌 주소로 통지서를 우편으로 보낼 수 있고, 우편물이 통상 도달할 수 있을 때에 감사청구에 연서한 다른 주민은 소송중단의 사유가 발생한 사실을 안 것으로 본다.

주민소송이 계속되는 중에 소송을 제기한 주민이 사망하거나 주민의 자격을 잃으면 소송절차는 중단된다. 소송대리인이 있는 경우에도 중단된다. 주민감사청구에 연서한 다른 주민은 소송중단의 사유가 발생한 사실을 안 날부터 6개월 이내에 소송절차를 수계할 수 있는데, 만약 이 기간에 수계절차가 이루어지지 않으면 그 소송절차는 종료된다. 법원은 주민소송이 중단되면 주민감사청구에 연서한 다른 주민에게 소송절차를 중단한 사유와 소송절차 수계방법을 지체 없이 알려야 한다.

주민소송을 제기한 주민이 전부 또는 일부 승소한 경우 그 지방자치단체에 대하여 변호사 보수 등의 소송비용, 감사청구절차의 진행 등을 위하여 사용된 여비, 그 밖에 실제로 든 비용을 보상할 것을 청구할 수 있다. 지방자치단체는 청구된 금액의 범위에서 그 소송을 진행하는 데에 객관적으로 사용된 것으로 인정되는 금액을 지급해야 한다.

주민소송에 관하여는 지방자치법에 규정된 것 외에는 행정소송법에 따른다.

손해배상금 등의 지불청구

앞서 본 바와 같이 주민소송 중 4호 소송에 대하여 법원에서 손해배상청구나 부당이득반환청구를 명하는 판결이 확정되면 지방자치단체장은 그 판결이 확정된 날부터 60일 이내를 기한으로 하여 그 당사자에게 판결에 따라 결정된 손해배상금이나 부당이득반환금의 지불을 청구해야 한다(제18조 제1항).

그런데 만약 위와 같이 지불청구를 받은 자가 60일 이내의 기한 내에 손해배상금이나 부당이득반환금을 지불하지 않으면 지방자치단체는 손해배상·부당이득반환의 청구를 목적으로 하는 소송을 제기해야 한다(제18조 제2항). 만약 그 소송의 상대방이 지방자치단체장이면 그 지방의회 의장이 그 지방자치단체를 대표한다.

지방자치단체장은 4호 소송 중 소속 지방자치단체의 직
원이 지방재정법(제94조)이나 '회계관계직원 등의 책임에
관한 법률'(제4조)에 따른 변상책임을 져야 하는 경우에는
그에게 변상명령을 할 것을 요구하는 소송을 제기해야 하
고, 이에 대하여 변상할 것을 명하는 판결이 확정되면 그
판결이 확정된 날부터 60일 이내를 기한으로 하여 당사
자에게 그 판결에 따라 결정된 금액을 변상할 것을 명령
해야 한다(제19조 제1항). 만약 변상할 것을 명령받은 자가
60일 이내의 기한 내에 변상금을 지불하지 않으면 지방세
체납처분의 예에 따라 징수할 수 있다. 변상할 것을 명령
받은 자가 이에 불복하는 경우에는 법원에 행정소송을 제
기할 수 있으나, 행정심판법에 따른 행정심판청구는 제기
할 수 없다.

1) 주민소송제도에 관하여는 행정자치부, 『주민소송제도업무편람』, 2005; 함인선, 『주민소송-이론과 사례』, 전남대학교출판부, 2012 등 참조.

2) 주민소송 사용 사례에 관하여는 김영수의 『주민소송 사용설명서』(이매진, 2009) 참조.

3) 대법원 2011. 12. 22. 선고 2009두14309 판결; 도로확장계획으로 인한 공금의 지출에 관한 사항은 이 사건 공사도급계약의 체결과 그에 따른 공사비 지급명령 및 지출에 관한 사항을 의미하는 것이지 이 사건 도로확장계획 및 이에 관련된 결정을 의미하는 것은 아니라는 사례.

4) 행정안전부, 『주민소송개요 및 절차』, 2011; 안전행정부, 『주민투표·소환·소송 업무편람』, 2013, 192쪽 참조.

VII

주민소환제도

주민소환제도란?

헌법 제1조 제2항은 "대한민국의 주권은 국민에게 있고 모든 권력은 국민으로부터 나온다."고 규정하여 국민주권주의를 천명하고 있다.

국민주권주의를 구현하기 위하여 헌법은 국가의 의사 결정 방식으로 대의제를 채택하고, 이를 가능하게 하는 선거제도를 규정함과 아울러 선거권, 피선거권을 기본권으로 보장하고 있다. 대의제를 보완하기 위한 방법으로는 직접민주제 방식의 하나인 국민투표제도를 두고 있다(제72조, 제130조 제2항).

오늘날 세계 각국은 전통적인 의미의 대의제가 문제점들을 노출하자 이를 보완하기 위해 각자의 고유한 사정을 감안하여 국민발안·국민투표 및 국민소환과 같은 직접 민주주의의 방식을 일부 도입하고 있다.

이러한 흐름에 따라 우리나라에서도 주민이 그 지방자치단체장 및 지역구 지방의회의원을 소환할 권리를 도입했다(지방자치법 제20조 제1항).

주민소환제는 주민들이 지방의 선출직 공직자를 임기만료 전에 투표를 실시하여 그 결과에 따라 해직시킬 수 있는 제도로서, 선출직 공직자에 대한 주민의 직접 통제를 통하여 지방행정의 책임성을 강화하기 위한 수단이다.[1] 이는 주민에 의한 지방행정 통제의 가장 강력한 수단으로서 주민의 참정 기회를 확대하고 주민대표의 정책이나 행정처리가 주민의사에 반하지 않도록 주민대표자 기관이나 행정기관을 통제하여 주민에 대한 책임성을 확보하는 데 그 목적이 있다.[2]

이러한 취지에서 주민소환법은 주민소환의 청구사유에 제한을 두지 있지 않다. 그 이유는 주민소환제를 기본적으로 정치적인 절차로 설계함으로써 위법행위를 한 공직자뿐만 아니라 정책적으로 실패하거나 무능하고 부패한 공직자까지도 그 대상으로 삼아 공직에서의 해임이 가능하도록 하여 책임정치 혹은 책임행정의 실현을 기하려는 데 그 목적이 있기 때문이다. 이러한 입법은 결과적으로 주민자치를 더 잘 실현시킬 수 있고 주민소환제가 보다 잘 기능할 수 있도록 하므로 정당성을 인정받고 있다.

또 이로써 지방자치단체장은 행정의 민주성과 투명성을 높이려고 노력하는 효과를 가져오게 되었다. 앞서 본 입법 목적의 증진에 기여할 수 있는 유용한 수단이 될 것이다.

주민소환제의 역사적인 기원을 살펴보면 기본적으로 정치적인 행위로 이해하는 것이 타당하고, 주민소환은 대표자에 대한 신임을 묻는 것으로서 그 속성은 재선거와 다를 바 없다. 주민소환제는 역사적으로도 위법·탈법행위를 한 공직자를 규제하기보다 지역주민의 의사에 반하여 비민주적·독선적으로 정책을 추진하고 예산을 낭비하는 것을 광범위하게 통제해야 할 필요성에서 도입돼왔다.

반면 주민소환제가 정치적으로 악용되거나 지역이기주의 관철 등을 이유로 남발된다면 어떨까. 선출직 공직자들이 소신껏 일하기가 어려워지고, 주민소환절차가 진행되는 동안 지방행정이 혼란에 빠지고, 잦은 투표에 따른 사회적 비용과 예산낭비를 가져올 수 있으며, 지역의견이 찬·반으로 나뉘어 심각한 갈등으로 비화될 우려도 있다.

지방자치법에서 규정하고 있는 주민소환청구권은 헌법에 규정된 선거권, 공무담임권, 국민투표권과는 다른

것이어서 헌법이 보장하는 참정권이 아니라 법률이 보장하는 참정권이라고 할 수 있다.[3]

주민소환제 자체는 지방자치의 본질적 내용은 아니므로 이를 보장하지 않는 것이 위헌이라고 할 수 없고 주민소환제도를 도입할 때 어떤 특정한 내용의 주민소환제를 반드시 보장해야 한다는 헌법적인 요구가 있다고 볼 수는 없다.[4]

주민소환의 투표 청구권자·청구요건·절차와 효력 등에 관하여는 지방자치법과 별도로 '주민소환에 관한 법률'[5](주민소환법)이 2007년 5월 25일부터 시행되고 있다. 주민소환투표와 관련하여 주민소환법은 주민투표법의 많은 조항을 준용하고 있다.

2011년 말까지 주민소환이 추진된 총 48명 중 6명에 대해서 주민소환투표가 실시되었다. 그중 2007년 9월 21일 경기도 하남시 의원 두 명이 소환되었다.

구분	주민투표법	주민소환법
제정일 (시행일)	2004. 1. 29(2004. 7. 30)	2006. 5. 24(2007. 5. 25)

투표권자	• 19세 이상의 주민
	• 19세 이상의 외국인으로 거주
	  자격을 갖춘 자 중 조례로 정
	  한 자
	• 국내거소신고가 되어 있는 재
	  외국민
		• 19세 이상의 주민
		• 19세 이상의 외국인으로 영주
		  의 체류자격 취득일 후 3년 경
		  과자
		  (관할 구역의 외국인등록대장
		  에 등재된 자)

청구대상	• 주민에게 과도한 부담을 주거
	  나 중대한 영향을 미치는 자치
	  단체의 주요 결정사항으로 조
	  례로 정함
	• 국가정책수립에 관한 사항
		• 제한 없음

청구요건	• 주민투표청구권자 총수 1/20
	  이상 1/5 이하의 범위 안에서
	  조례로 정하는 수 이상의 서명
	  --단체장 직권(재적의원 과반
	  수 출석, 출석의원 과반수 동
	  의) 청구
	  -지방의회(재적의원 과반수
	  출석, 출석의원 2/3 이상 찬성
	  으로 장에게 청구) 청구 가능
		• 주민소환투표청구권자 총수의
		  -광역단체장: 10/100 이상
		  -기초단체장: 15/100 이상
		  -지방의원(비례제외): 20/100
		  이상
		  ▶ 관할 구역 내의 1/3 이상의
		  시·군·자치구 또는 읍·면·동
		  에서 일정 수 이상의 서명 필요
		  (지역균형요건)

청구제한 기간	• 제한 없음	• 임기개시일 1년 미만 불가 • 임기마감일 1년 미만 불가 • 소환투표 실시일부터 1년 미 만 불가

서명요청
활동기간
	• (조례) 시도 180일 이내, 시군
	  구 90일 이내
		• (시행령) 시도 120일 이내, 시
		  군구 60일 이내

서명요청
활동제한기간
	• 관할 구역의 전부·일부에서
	  공직선거가 있는 경우, 신거일
	  전 60일부터 선거일까지
		• 왼쪽과 동일

구분	주민투표법	주민소환법
서명요청 활동 할 수 없는 자	• 공무원(지방의원 제외)	• 국가·지방공무원 • 해당선거에 후보자가 되고자 하는 자(배우자, 직계존비속 등) 및 이들이 운영하는 기관·단체·시설의 임직원 등
발의권자	• 지방자치단체장	• 관할 선거관리위원회
명부작성 시기	• 투표일 전 19일부터 5일 이내	• 주민소환투표 발의일부터 5일 이내
투표운동을 할 수 없는 자	• 주민투표권이 없는 자 • 공무원(지방의원 제외) 등	• 공직선거법 60조 준용 -공무원(국회의원, 지방의원 제외) -통리반장, 주민자치위원 등
투표일	• 발의일부터 20일 이상 30일 이하의 범위 내에서 단체장이 관할 선거관리위원회와 협의하여 정함	• 발의일부터 20일 이상 30일 이하의 범위 내에서 관할 선거관리위원회가 정함
투표시간	• (규칙) 오전 6시부터 오후 8시까지	• (법) 오전 6시부터 오후 8시까지
결과 확정	• 투표권자 총수의 1/3 이상 투표와 유효 투표수 과반수 득표로 확정 투표자 수 1/3 미달시 미개표	• 왼쪽과 동일 ▸주민소환투표안 공고한 때부터 투표결과 공표시까지 권한 정지
투표관리경비	• 주민투표 발의한 지방자치단체 • 국가정책인 경우 국가 (단, 구역변경인 경우는 지방자치단체)	• 해당 지방자치단체 (운동 비용은 청구인대표자, 소환투표대상자 각자 부담)
재투표/ 투표연기	• 투표 전부·일부무효 판결이 확정된 때 20일 이내 무효로 된 투표구의 재투표 실시 • 천재·지변으로 투표연기, 투표일 지정	• 왼쪽과 동일 ▸소청, 소송제기 또는 재투표 시 실시될 때는 그 결과 확정된 후에 보궐선거 실시

일정 수 이상의 주민들은 해당 지방자치단체장과 지역구 지방
의회의원에 대하여 그 소환사유를 서면에 구체적으로 명시하
여 관할 선거관리위원회에 주민소환투표의 실시를 청구할 수
있다(제7조 제1항).

　전년도 12월 31일 현재 주민등록표 및 외국인등록표에 등록
된 주민으로서 ①특별시장·광역시장·도지사 등 광역자치단
체장에 대해서는 당해 지방자치단체의 주민소환투표청구권자
총수의 10/100 이상, ②시장·군수·자치구의 구청장 등 기초
자치단체장에 대해서는 당해 지방자치단체의 주민소환투표청
구권자 총수의 15/100 이상, ③지역선거구 지방의회의원에 대
해서는 당해 지방의회의원의 선거구 안의 주민소환투표청구
권자 총수의 20/100 이상의 주민을 주민소환투표청구권자라
한다. 주민소환투표청구권자 총수는 전년도 12월 31일 현재의
주민등록표 및 외국인등록표에 의하여 산정한다. 지방자치단
체장은 매년 1월 10일까지 주민소환투표청구권자 총수를 공
표해야 한다.

　그런데 ①선출직 지방공직자의 임기 개시일부터 1년이 경
과하지 않은 때, ②선출직 지방공직자의 임기만료일부터 1년
미만일 때, ③해당 선출직 지방공직자에 대한 주민소환투표를

실시한 날부터 1년 이내인 때에는 주민소환투표의 실시를 청구할 수 없다(주민소환법 제8조).[7]

주민소환투표의 청구 기간을 제한한 것은, 선출직 공직자의 임기 초에는 소신에 따라 정책을 추진할 수 있는 기회를 주어야 하고 과오 등을 입증하기 어려울 뿐만 아니라, 임기 종료가 임박한 때에는 소환의 실익이 없는 점을 고려하고, 주민소환투표가 부결되었음에도 반복적으로 주민소환투표를 청구하는 폐해를 방지하려는 데 그 목적이 있다.

따라서 동일한 사유로 한 번 주민소환투표에 회부되어 부결되었음에도 불구하고 소정의 기간 내에 반복적으로 소환투표를 청구할 수는 없다. 그러나 다른 청구사유 또는 일정 기간이 경과한 후 같은 사유로도 제2, 제3의 주민소환투표 청구를 할 수 있다.

주민소환투표 청구요건[8]

1) 서명요건: 주민소환투표 제기를 위해 일정 수 이상의 서명 수 확보 필요

광역단체장 (시·도지사)	청구권자 총수의 10/100 이상 서명 필요
기초단체장 (시장·군수·구청장)	청구권자 총수의 15/100 이상 서명 필요
지방의원 (비례대표 제외)	청구권자 총수의 20/100 이상 서명 필요

2) 지역균형요건: 특정지역에 의한 소환청구 남용을 방지하기 위해 일정 지역에서 최소 서명 수 충족 기준 필요

구분	시·군·구(읍·면·동)의 전체 수가 세 개 이상인 경우		두 개인 경우
	2)-1 일반적 지역산정기준	2)-2 추가보완적 지역산정기준	
시· 도지사	1/3 이상 시·군·구	해당 시·군·구 투표청구권자 총수의 10/100 이상	다만, 해당 시·군·구 (읍·면·동)별 산정한 서 명 수가 -(최대기준) 전체 투표 청구권자 총수의 1/00 초과할 경우, →전체총수의 1/100 이상 서명 (2)-1 요건보다 작음) -(최소기준) 전체 투 표청구권자 총수의 5/10,000 미만일 경우, →전체총수의 5/10,000 이상 서명 (2)-1 요건보다 많음)	각각 투표청구권자 총수의 1/100 이상
시장, 군수, 구청장	1/3 이상 읍·면·동	해당 읍·면·동 투표청구권자 총수의 15/100 이상		
지방 의원		해당 읍·면·동 투표청구권자 총수의 20/100 이상		

1)과 2)의 요건을 모두 충족해야 함(주민소환법 제7조).

한편 주민소환투표권이 있는 사람은 주민소환투표인 명부 작성기준일(주민소환투표일 19일 전) 현재 ①19세 이 상의 주민으로서 당해 지방자치단체 관할 구역에 주민등록이 되어 있는 자와 ②19세 이상의 외국인으로서 출입 국관리법 제10조의 규정에 따른 영주의 체류자격 취득일 후 3년이 경과한 자 중 당해 지방자치단체 관할 구역의 외국인등록대장에 등재된 자이다(주민소환법 제3조 제1항). 주민소환투표권자의 연령은 주민소환투표일 현재를 기준으로 계산한다. 현재 공직선거법과 주민투표법에서는 19세 이상의 재외국민(국내거소신고자)에게 선거권(투표권)을 부여하고 있는 데 반해 주민소환법에서는 아직 소환투표권을 인정하지 않고 있다.

주민소환투표를 실시하는 때에는 주민소환투표 발의일부터 5일 이내에 주민소환투표인명부를 작성해야 한다. 주민소환투표인명부에 등재되어 있는 국내 거주자 중 주민소환투표일에 자신이 투표소에 가서 투표를 할 수 없는 자는 주민소환투표인명부 작성 기간 중에 부재자신고를 할 수 있다.

주민소환의 절차는 ①주민소환준비 단계, ②서명요청활
동 단계, ③주민소환투표운동 및 투표실시 단계의 3단계
로 나누어볼 수 있다.

①주민소환준비 단계는 주민소환 사유가 될 사건이나
쟁점을 중심으로 다수 주민들의 의견을 공론화하고, 주민
소환청구를 위한 조직을 구성하며, 대표자를 선정하는 등
의 준비가 이루어지는 단계이다. 소환청구인대표자가 관
할 선거관리위원회에 소환청구인대표자 증명서의 교부
를 신청하면 주민소환절차가 시작된다.

②서명요청 활동 단계는 주민소환투표의 실시를 청구
하기 위하여 요청되는 일정한 수 이상의 주민소환투표청
구권자(전년도 12월 31일 현재 19세 이상으로서 주민등록표에
등록된 주민 및 외국인등록표에 등록된 외국인)의 서명을 요청
하는 활동이 이루어지는 단계이다. 소환청구인대표자에
대한 증명서가 교부되고 관할 선거관리위원회로부터 검
인을 받은 소환청구인서명부가 배부되면, 소환청구인대
표자와 서면에 의하여 그로부터 서명요청권을 위임받은
자는 일정 기간 동안 소환청구인서명부를 사용하여 주민
소환투표청구권자에게 서명할 것을 요청할 수 있다.

끝으로 ③주민소환투표운동 및 투표실시 단계는 주민

소환투표청구요건을 갖추어 실제로 주민소환투표가 발
의되어 주민소환투표운동이 이루어지고 주민소환투표가
실시되는 단계이다. 일정 비율 이상의 주민소환투표청구
권자의 서명을 받으면 그 소환사유를 서면에 구체적으로
명시하여 관할 선거관리위원회에 주민소환투표의 실시
를 청구할 수 있고, 관할 선거관리위원회는 위 청구가 적
법할 경우 주민소환투표일과 주민소환투표안을 공고하
여 주민소환투표를 발의하며, 공고일 다음 날부터 투표일
전일까지 주민소환투표운동을 할 수 있게 된다. 주민소환
은 주민소환투표권자 총수의 3분의 1 이상의 투표와 유효
투표 총수 과반수의 찬성으로 확정되는데, 주민소환투표
대상자는 주민소환투표안이 공고된 때부터 주민소환투
표결과 공표 시까지 권한행사가 정지되고, 주민소환이 확
정된 때에는 공표 시점부터 그 직을 상실한다.

국가와 지방자치단체는 주민소환투표권자가 주민소환
투표권을 행사할 수 있도록 필요한 조치를 취해야 한다.
공무원·학생 또는 다른 사람에게 고용된 자가 주민소환
투표인명부를 열람하거나 투표를 하기 위하여 필요한 시
간은 보장되어야 하며, 이를 휴무 또는 휴업으로 보지 않
는다. 관할 선거관리위원회는 그 주관하에 문서·도화·시
설물·신문·방송 등의 방법으로 주민소환투표 참여·투

표방법, 그 밖에 주민소환투표에 관해 필요한 계도·홍보를 실시해야 한다.

주민소환투표사무는 공직선거법에 의하여 해당 지방자치단체장선거 및 지방의회의원선거의 선거구선거사무를 행하는 선거관리위원회가 관리한다.

주민소환투표 절차[9)]

소환청구인대표자 증명서 교부신청	서명요청 활동	소환투표청구
소환청구인대표자	소환청구인대표자 등	소환투표청구권자

인적사항과 청구취지 및 이유 등을 기재하여 관할 선관위에 신청

소환청구인대표자와 서명요청권수임자만 가능
- 시·도지사 120일
- 자치구·시·군의 장 및 지방의원 60일 이내
- 관할 선관위가 검인교부한 소환청구인서명부 사용

소환투표청구권자 총수 기준
- 시·도지사 10/100이상
- 자치구·시·군의 장 15/100이상
- 지방의회의원 20/100이상

불복절차(소송 등)	투표결과 확정	개표
소환투표권자 소환투표대상자		관할 선관위

소환투표권자는 그 총수의 1/100 이상 서명 필요
- 시·도지사: 중앙선관위에 소청, 대법원에 제소
- 자치구·시·군의 장, 지방의원: 시·도선관위에 소청, 고등법원에 제소

소환투표권자 총수의 1/3 이상 투표, 유효투표 총수의 과반수 찬성

소환투표권자 총수의 1/3 미만 투표 시 미개표

청구인서명부 심사·확인	청구요지공표 및 소명요청	소명요지 및 소명서 제출
관할 선관위	관할 선관위	소환투표대상자
7일간 청구인서명부 사본 등 주민 열람 및 이의신청 유효서명의 총수 미달 등 청구요건 불비 시 각하	청구가 적법하다고 인정 시 지체 없이 소환청구인대표자와 주민소환투표대상자에게 통지	관할 선관위로부터 소명 요청을 받은 날부터 20일 이내에 소명서 제출

소환투표실시	주민소환투표인 명부 작성	소환투표발의
관할 선관위	구·시·군의 장	관할 선관위
소환투표 발의일부터 20일~30일 이내	소환투표 발의일부터 5일 이내	소명요지 및 소명서 제출기간이 경과한 날부터 7일 이내 투표일, 투표안, 소명요지 공고

선출직 지방공직자에 대해 주민소환투표 실시를 청구하려면 청구권자들이 서면에 그 소환사유를 구체적으로 명시하여 관할 선거관리위원회에 제출해야 한다.

따라서 청구권자들은 먼저 주민소환투표청구인대표자를 선임하여 관할 선관위로부터 주민소환투표청구인대표자 증명서를 교부받은 다음 관할 선거구가 검인하여 교부한 주민소환투표청구인서명부를 사용하여 해당 지방자치단체에서 주민소환투표를 청구할 수 있는 사람들에게 서명할 것을 요청해야 한다. 관할 선거관리위원회는 주민소환청구인대표자로부터 주민소환청구인대표자 증명서 교부 신청을 받으면 7일 이내에 주민소환청구인대표자 증명서와 함께 주민소환투표청구인서명부를 내주어야 한다. 주민소환청구인대표자가 서명요청권을 타인에게 위임하고자 할 때에는 그때마다 인적사항 등을 기재하여 관할 선거관리위원회에 신고해야 한다.

서명은 서명요청 활동기간 동안에 한하여 요청할 수 있는데, 서명요청 활동기간은 광역자치단체장에 대한 주민소환투표청구의 경우에는 주민소환투표청구인대표자 증명서 교부 사실을 공표한 날부터 120일 이내, 시장·군수·구청장 또는 지방의회의원에 대한 주민소환투표청구의 경우에는 60일 이내이다.

주민소환청구인대표자나 그 수임자가 주민소환투표청구권자에게 서명을 요청할 때에는 소환청구인서명부에 주민소환청구인대표자 증명서나 서명요청권 위임신고증 또는 그 사본을 붙여야 한다. 주민소환청구인서명부에 서명하려는 주민소환투표청구권자는 소환청구인서명부에 성명·주민등록번호·주소와 서명일자를 적고 서명하거나 날인해야 한다. 주민소환청구인서명부는 광역자치단체장에 대한 주민소환투표청구의 경우에는 시·군·자치구별로 읍·면·동을 구분하여, 시장·군수·구청장 및 지방의회의원에 대한 주민소환투표청구의 경우에는 읍·면·동별로 각각 작성한다. 만약 주민소환청구인서명부에 서명을 한 자가 그 서명을 철회하고자 하는 때에는 그 주민소환청구인서명부가 관할 선거관리위원회에 제출되기 전에 이를 철회해야 하고, 주민소환청구인대표자는 즉시 주민소환청구인서명부에서 그 서명을 삭제해야 한다.

그런데, 주민소환투표권이 없는 자, 국가공무원법 제2조에 규정된 국가공무원과 지방공무원법 제2조에 규정된 지방공무원(고등교육법 제14조 제1항 및 제2항의 규정에 따른 교원은 제외), 다른 법령에 규정에 따라 공무원 신분을 가진 자, 공직선거법 제60조 제1항의 규정에 의하여 선거운동을 할 수 없는 자 및 선출직 지방공직자의 해당선거에 후보자가 되고자 하는 자, 입후보예정자의 배우자나 직계비속 등 가족 및 이들이 설립·운영하고 있는 기관·단체·시설의 임·직원은 주민소환청구인대표자 등이될 수 없다. 이들은 서명요청 활동을 하거나 서명요청 활동을 기획·주도하는 등 서명요청 활동에 관여할 수 없다.

또한 주민소환청구인대표자와 그 수임인을 제외하고는 누구든지 서명을 요청할 수 없으며, 검인되지 않은 주민소환청구인서명부에 서명을 받을 수 없다. 주민소환청구인대표자 등이 주민소환청구인서명부를 제시하거나 구두로 주민소환투표의 취지나 이유를 설명하는 경우를 제외하고는 누구든지 인쇄물·시설물 및 그 밖의 방법을 이용하여 서명요청 활동을 할 수 없다. 여기서 주민소환청구인서명부를 '제시'한다는 것은 서명요청 활동을 하는 자의 적극적인 행동과 이를 받아들이는 상대방의 존재가 전제되는 것이다. 따라서 이와 달리 서명을 요청받는 사람과 서명요청 활동을 하는 자 사이의 개별적인 대면이 없거나 서명을 요청받는 사람이 특정되지 않는 불특정 다수인을 상대로 일방적으로 소환청구인서명부를 배포·교부하거나 우편발송을 하는 행위는 '제시'에 해당한다고 볼 수 없다.[10]

한편 주민소환투표의 실시를 청구할 때에는 그 소환사

유를 명시해야 한다. 따라서 주민소환투표청구인서명부에 청구사유를 기재하도록 되어 있다. 그 취지는 단순히 서명을 하는 자가 청구사유를 인식하고서 서명할 수 있도록 하기 위한 것이 아니라, 서명부에 기재된 청구사유와 서명이 합쳐져서 주민소환투표청구라는 하나의 의사표시를 구성하게 하기 위한 것이다. 따라서 청구사유가 기재되어 있지 않은 서명부에 한 서명은 무효이다.[11] 서명요청권 수임자들이 주민들로부터 서명을 받으면서 청구사유를 구두로 설명하였다거나, 청구사유가 기재된 위임신고증을 주민들에게 제시하거나 주민들이 열람할 수 있도록 하였다고 하여도 청구사유가 기재되지 않은 서명부에 한 서명은 무효이다.

주민소환청구인대표자와 그 수임인은 해당선출직 지방공직자의 선거구의 전부 또는 일부에 대하여 공직선거법의 규정에 의한 선거가 실시되는 때에는 그 선거의 선거일전 60일부터 선거일까지는 그 선거구에서 서명을 요청할 수 없다.

주민소환투표의 실시

주민소환청구인대표자로부터 주민소환청구가 제출되면

관할 선거관리위원회가 이를 심사한다.

만약 제출된 주민소환투표청구가 유효한 서명의 총수에 미달되는 경우,[12] 주민소환투표의 청구제한기간 이내에 청구된 경우, 주민소환투표청구서와 주민소환청구인 서명부가 서명요청기간이 만료된 날부터 광역자치단체장의 경우에는 10일, 기초자치단체의 경우에는 5일을 경과하여 제출된 경우 및 주민투표법 제12조 제7항의 규정에 의한 청구인서명부의 서명이 무효인 서명으로 판정되어 청구인대표자로 하여금 그 지방자치단체의 조례가 정하는 기간 내에 보정하게 하고 그 기간 내에 보정되지 않으면 주민소환투표 청구를 각하한다(주민소환법 제11조). 관할 선관위는 주민소환청구인대표자에게 그 사유를 통지하고 이를 공표한다.

반면 관할 선거관리위원회는 주민소환투표청구가 적법하다고 인정하는 때에는 지체 없이 그 요지를 공표하고, 주민소환청구인대표자에게 그 사실을 통지해야 한다(주민소환법 제12조 제1항).[13] 이때 관할 선거관리위원회는 주민소환투표대상자(해당 선출직 지방공직자)에게도 그 사실을 통지하고 그에게 20일 이내에 서면으로 소명할 것을 요청해야 한다.

관할 선거관리위원회는 주민소환투표대상자에 대한 주민소환투표를 발의할 때에는 주민소환투표대상자의 소명요지 또는 소명서 제출기간이 경과한 날부터 7일 이내에 주민소환투표일과 주민소환투표안을 공고하여 주민소환투표를 발의해야 하는데 주민소환투표대상자가 제출한 소명요지도 함께 공고한다.

주민소환투표일은 주민소환투표안 공고일부터 20일 이상 30일 이하의 범위 안에서 관할 선거관리위원회가 정한다(주민소환법 제13조 제1항). 그러나 주민소환투표대상자가 자진사퇴, 피선거권 상실 또는 사망 등으로 그 자리가 빈 경우에는 주민소환투표를 실시하지 않는다. 만약 주민소환투표 공고일 이후 90일 이내에 ①주민투표법에 의한 주민투표, ②대통령 및 국회의원 선거를 제외한 공직선거법에 의한 선거·재선거와 보궐선거, ③동일 또는 다른 선출직 지방공직자에 대한 주민소환투표가 있을 때에는 주민소환투표를 그에 병합하거나 동시에 실시할 수 있다.

주민소환투표는 찬성 또는 반대를 선택하는 형식으로 실시한다(주민소환법 제15조 제1항). 지방자치단체의 동일 관할 구역에 2인 이상의 주민소환투표대상자가 있을 때에는 관할 선거관리위원회는 하나의 투표용지에 그 대상자별로 주민소환투표를 실시할 수 있다.

지방자치단체장에 대한 주민소환투표는 당해 지방자치단체 관할 구역 전체를 대상으로 하고, 지역구 지방의회의원에 대한 주민소환투표는 당해 지방의회의원의 지역선거구를 대상으로 한다.

주민소환투표사무의 관리에 필요한 ①주민소환투표의 준비·관리와 실시에 필요한 비용, ②주민소환투표공보의 발행, 토론회 등의 개최와 불법 주민소환투표운동의 단속에 필요한 경비, ③주민소환투표에 관한 소청 및 소송과 관련된 경비, ④주민소환투표결과에 대한 자료의 정리, 그 밖에 주민소환투표사무의 관리를 위한 관할 선거관리위원회의 운영 및 사무처리에 필요한 경비는 당해 지방자치단체가 부담한다. 지방자치단체는 그 경비를 주민소환투표 발의일부터 5일 이내에 관할 선거관리위원회에 납부해야 하나 소환청구인대표자와 주민소환투표대상자가 주민소환투표운동을 위하여 지출한 비용은 각자 부담한다.

주민소환투표운동

주민소환투표운동이란, 주민소환투표에 부쳐지거나 부쳐질 사항에 관하여 찬성 또는 반대하는 행위를 말한다(주민소환법 제17조). 주민소환투표에 부쳐지거나 부쳐질 사항에 관한 단순한 의견개진 및 의사표시와 주민소환투표운동에 관한 준비행위는 주민소환투표운동으로 보지 않는다.

주민소환투표운동은 주민소환투표 공고일의 다음 날부터 투표일 전일까지 할 수 있으나 다른 선거와 동시에 주민소환투표가 실시될 경우의 주민소환투표운동기간은 주민소환투표일 전 25일부터 투표일 전일까지이다.

공직선거법에 의하여 선거운동을 할 수 없는 자는 주민소환투표운동도 할 수 없으나, 당해 주민소환투표 대상자는 주민소환투표운동을 할 수 있다.

주민소환투표운동의 방법은 해당 주민소환투표대상자의 선거에 관한 규정에 한하여 공직선거법 제61조·제63조(선거운동기구에 관한 사항에 한한다)·제69조·제79조(사회자에 관한 사항을 제외한다)·제82조(제1항 단서를 제외한다)·제82조의4 및 제82조의6의 규정을 준용한다(주민소환법 제19조). 그러나 누구든지 주민소환투표운동기간 중 주민소환법에서 준용하는 공직선거법에 따른 선거운동기구의 설치, 신문광고, 공개장소에서의 연설·대담, 언론기관 초청 대담·토론회, 정보통신망을 이용한 선거운동 및 인터넷 광고와 주민투표법 제17조의 규정에 의하여 관할 선거관리위원회가 주관하는 주민소환투표공보의 발행·배부, 선거방송토론위원회가 개최하는 토론회를 제외하고는 어떠한 방법의 주민소환투표운동도 할 수 없다.

관할 선거관리위원회는 주민소환투표를 실시하는 때마다 주민소환투표부정을 감시하기 위하여 서명요청 활동기간 개시일부터 주민소환투표일까지 해당 관할 선거관리위원회에 주민소환투표부정감시단을 둔다. 광역자치단체의 선거관리위원회는 인터넷을 이용한 주민소환투표부정을 감시하기 위하여 이 기간 중에 사이버주민소환투표부정감시단을 설치·운영해야 한다.

주민소환투표의 효력

주민소환투표대상자는 관할 선거관리위원회가 주민소환투표안을 공고한 때부터 소환투표결과를 공표할 때까지 그 권한 행사가 정지된다(주민소환법 제21조 제1항).

이는 주민소환투표가 발의된 경우 공직자로서 신뢰성을 의심받고 있는 상황에서 업무의 원활한 수행이 어렵다는 점을 고려하고, 소환대상 공직자가 공직의 행사를 통하여 주민소환투표에 영향을 미치는 것을 방지함으로써, 행정의 정상적인 운영과 공정한 선거관리라는 공익을 달성하려는 데 그 목적이 있다.

지방자치단체장의 권한이 정지된 경우에는 부지사·부시장·부군수·부구청장이 그 권한을 대행한다. 권한행사

가 정지된 지방의회의원은 그 정지기간 동안 의정활동보
고를 할 수 없으나, 인터넷에 의정활동보고서를 게재할
수는 있다.

주민소환은 주민소환투표권자 총수의 3분의 1 이상의
투표와 유효투표 총수 과반수의 찬성으로 확정된다(주민
소환법 제22조 제1항). 전체 주민소환투표자의 수가 주민소
환투표권자 총수의 3분의 1에 미달하는 때에는 개표를 하
지 않는다(주민소환법 제22조 제2항). 관할 선거관리위원회
는 개표가 끝난 때와 투표권자 미달로 인해 개표를 하지
않은 때에는 지체 없이 그 결과를 공표한 후 소환청구인
대표자, 주민소환투표대상자, 관계중앙행정기관의 장, 당
해 지방자치단체장에게 통지해야 한다. 지방자치단체장
이 주민소환투표대상자인 경우에는 권한을 대행하는 당
해 지방자치단체의 부단체장에게 통지한다.

지방의회의원이 주민소환투표대상자인 경우에는 당해
지방의회의 의장에게도 통지하며, 지방의회의 의장이 주
민소환투표대상자인 경우에는 당해 지방의회의 부의장
에게 통지해야 한다.

만약 투표 결과 주민소환이 확정된 때에는 주민소환투
표대상자는 그 결과가 공표된 시점부터 그 직을 상실한다
(주민소환법 제23조 제1항). 그 직을 상실한 자는 그로 인하

여 실시하는 주민소환법 또는 공직선거법에 의한 해당 보궐선거에 후보자로 등록할 수 없다.

주민소환투표소송

주민소환투표의 효력에 관해 이의가 있는 해당 주민소환투표대상자 또는 주민소환투표권자 총수의 100분의 1 이상의 서명을 받은 주민소환투표권자는 주민소환투표결과가 공표된 날부터 14일 이내에 관할 선거관리위원회 위원장을 피소청인으로 하여 지역구 지방의회의원 또는 기초자치단체장을 대상으로 한 주민소환투표에 있어서는 광역자치단체의 선거관리위원회에, 광역자치단체장을 대상으로 한 주민소환투표에 있어서는 중앙선거관리위원회에 소청할 수 있다(주민소환법 제24조 제1항).

　소청에 대한 선거관리위원회의 결정에 관하여 불복이 있는 소청인은 관할 선거관리위원회 위원장을 피고로 하여 그 결정서를 받은 날부터 10일 이내에 지역구 지방의회의원 또는 기초자치단체장을 대상으로 한 주민소환투표에 있어서는 그 선거구를 관할하는 고등법원에, 광역자치단체장을 대상으로 한 주민소환투표에 있어서는 대법원에 소를 제기할 수 있다.

주민소환투표에 관한 소청 및 소송의 절차에 관해서는 주민소환법에 규정된 사항을 제외하고는 공직선거법 제219조 내지 제229조의 규정 중 지방자치단체장 및 지방의회의원에 관한 규정을 준용한다.

주민소환투표에 관한 소청 및 소송이 제기되거나 주민투표법에 의한 재투표가 실시되는 때에는 그 결과가 확정된 후에 보궐선거를 실시해야 한다. 보궐선거와 재투표에 관하여 주민소환법에서 규정한 사항을 제외하고는 지방자치단체장 및 지방의회의원에 관한 규정에 한하여 공직선거법(제195조 내지 제201조)을 준용한다.

1) 안전행정부, 『주민투표·소환·소송 업무편람』, 2013.

2) 헌법재판소 2009. 3. 26. 선고 2007헌마843 결정; 지방자치단체장에 대한 주민소환절차와 그 요건이 선출직 지방공무원인 지방자치단체장의 공무담임권이나 평등권을 침해한 것인지에 관하여 헌법재판소가 판시한 최초의 결정이다. 주민소환제도의 형성에 있어 입법자가 대의제의 근본원리와 헌법상 과잉금지원칙에 반하지 않는 범위 내에서 상당한 입법형성권을 가짐을 근거로, 현행 주민소환법 관계규정이 청구인의 공무담임권이나 평등권을 침해하는 것으로 볼 수 없다고 판시한 사례.

3) 헌법재판소 2001. 6. 28. 선고 2000헌마735 결정.

4) 헌법재판소 2009. 3. 26. 선고 2007헌마843 결정.

5) [시행 2013. 1. 1.] [법률 제11212호, 2012. 1. 26., 타법 개정]

6) 안전행정부, 『주민투표·소환·소송 업무편람』, 2013, 8~9쪽.

7) 수원지방법원 2007. 11. 21. 선고 2007구합9571 판결.

8) 안전행정부, 『주민소환업무 매뉴얼』, 2013, 34쪽.

9) 행정안전부, 『주민소환제도 개요 및 절차』, 2011; 안전행정부, 『주민투표·소환·소송 업무편람』, 2013, 122쪽 참조.

10) 대법원 2012. 1. 26. 선고 2010도9717 판결.

11) 수원지방법원 2007. 9. 13. 선고 2007구합7360 판결.

12) 수원지방법원 2007. 9. 13. 선고 2007구합7360 판결(하남시장 주민소환 사건), 이 사건은 주민소환투표가 실시된 이후인 2007. 12. 7. 항소심인 서울고등법원에서 각하판결로 종결되었다(2007누

24465호).

13) 수원지법 2007. 9. 13. 선고 2007구합7360 판결.

맺음말

2011년 8월 1일 당시 오세훈 서울시장은 '망국적인 복지 포퓰리즘'을 막기 위해서라며, 보수단체 주도로 무상급식 정책에 반대하여 진행한 서울시민 약 81만 명(유효 51만 명)의 청구를 받아들여 우리나라 지방자치제의 시행 이후 가장 의미 있는 주민투표를 발의하였다. 같은 달 24일, 무상급식 지원범위에 관해 오 시장이 주장하는 단계적 무상급식과 서울시의회(야당인 민주당이 다수당)가 주장하는 전면적 무상급식 정책 중 하나를 선택하는 주민투표가 서울시 전역에서 실시되었다. 그런데 최종 투표율은 25.7%에 불과하였고, 전체 주민투표수가 주민투표권자 총수의 3분의 1(33.3%)에 한참 미달되어 투표함을 열어보지도 못했다. 차기 대선 불출마를 공약하면서 무상급식 관련 주민투표가 부결되거나 무산될 경우에는 시장직에서 사퇴

하겠다는 입장을 밝히며 투표를 독려해온 오 시장은 같은 달 26일 사퇴했다. 후보자를 선출하는 '선거'와 달리, 정책을 선택하는 '주민투표'에서는 투표장에 가느냐 가지 않느냐 하는 행위 자체가 하나의 찬성 혹은 거부 의사 표시로 간주된 것이다. 다시 말해, 서울시의 중요정책을 시민이 스스로 결정하는 주민투표제도를 서울시장의 (불)신임투표로 변질시켜버린 것이다.

무상급식 주민투표 결과는 그 이후 단순히 서울시뿐만 아니라 우리나라에 복지담론 논쟁을 넘어 2011년 10월 26일 실시된 서울시장 보궐선거와 2012년 4월 11일 실시된 19대 국회의원 총선거 그리고 2012년 12월 19일에 실시된 제18대 대통령선거에 이르기까지 엄청난 파장을 미치게 되었다.

2013년 10월, 경기도 용인시 시민들이 경전철 건설비용 1조 127억 원에 대한 손해배상을 청구하는 주민소송을 제기했다. 엉터리 수요 예측과 잘못된 사업 추진으로 용인시 재정이 크게 악화된 만큼 전·현직 용인시장 3명과 담당 공무원 6명, 사업 타당성 연구 용역을 맡은 한국교통연구원과 소속 연구원 3명 등 39명에게 책임을 물으라는 것이다.

용인 경전철은 지자체가 벌인 주먹구구식 사업이 용인시 재정을 어떻게 결딴낼 수 있는지 보여주는 대표적 사례다. 이처럼 지방 재정을 파탄으로 몰고 갈 대형 부실 사업은 전국 곳곳에 널려 있다. 정치인들의 '묻지 마' 개발 공약, 지자체장들의 한탕주의, 꿰맞추기식 용역에 능숙한 연구기관들, 세금 빼먹기에 혈안이 된 민간 사업자들의 합작품이다. 이런 지경인데도 책임지는 사람은 하나도 없고 '먹튀'만 횡행한다. 주민의 혈세가 제대로 사용되는지에 대한 사전통제 장치를 마련하는 한편 납세자 소송 등 제도적 보완도 서둘러야 한다.

지방자치단체장 선거 등 헌법에 보장된 국민의 참정권도 중요하지만 풀뿌리 민주주의가 활성화되기 위해서는 그에 못지않게 지방자치법 등에서 주민의 권리로 보장하고 있는 주민투표권이나 주민의 조례 제정 및 개폐청구권, 주민의 감사청구권, 주민소송제도, 주민소환청구권, 주민의 예산참여제도 등도 매우 중요하다. 그러나 아무리 훌륭한 제도를 두고 있더라도 이를 활용하는 주민이 없으면 무용지물이다.

국가의 주인은 국민이고, 지역의 주인은 주민이자 시민이다.

강현철, 『지방자치 용어해설집』, 한국법제연구원, 2006.

권찬태·안홍복, 『지방자치회계의 투명성과 주민의 알 권리』, 집문당, 2003.

권혁신, 『미국의 지방자치 이모저모』, 지식산업사, 2011.

김영수, 『주민소송 사용설명서』, 이매진, 2009.

무로이 쓰토무 편, 『주민참여와 민주주의』, 황선희 옮김, 아르케, 2001.

안상운, 『NGO·NPO 법률가이드북』, 아르케, 2011.

안성민, 『주민참여예산제도와 지역거버넌스』, UUP, 2005.

안전행정부, 『2013년 주민참여 활성화 설명회』, 2013.

안전행정부, 『주민소환업무 매뉴얼』, 2013.

안전행정부, 『지방자치단체 행정구역 및 인구현황』, 2013.

안전행정부, 『주민투표·소환·소송 업무편람』, 2013.

안전행정부, 『2013 지방자치단체 기본현황』, 2013.

양영철, 『주민투표제도론 — 이론과 사례연구』, 대영문화사, 2007.

이주희, 『지방자치법 이론과 운영』, 서강출판사, 2010.

조경호·박재홍, 『시민참여와 지방자치 경영혁신』, 국민대학교출판부, 2006.

하승수, 이호, 김현, 민주화운동기념사업회, 『한국 직접 참여민주주의의 현재 주민발의 — 주민투표 주민소송 주민소환 주민참여예산』, 민주화운동기념사업회, 2009.

함인선, 『주민소송 — 이론과 사례』(개정판), 전남대학교출판부, 2012.

행정안전부, 『주민소송제도업무편람』, 2005.

행정안전부,『주민소환 업무편람』, 2007.

행정안전부,『주민투표업무 매뉴얼』, 2010.

행정안전부,『주민소환제도 개요 및 절차』, 2011.

행정안전부,『주민소송개요 및 절차』, 2011.

홍정선,『신 지방자치법』(2판), 박영사, 2013.

팸플릿 6

지방자치와 주민의 권리

ⓒ 안상운, 2014

초판 1쇄 인쇄 2014년 4월 3일
초판 1쇄 발행 2014년 4월 18일

지은이	안상운
펴낸이	황광수

펴낸곳	자음과모음
출판등록	1997년 10월 30일 제313-1997-129호
주소	121-840 서울시 마포구 서교동 396-33번지
전화	편집부 02) 324-2347 경영지원부 02) 325-6047
팩스	편집부 02) 324-2348 경영지원부 02) 2648-1311
이메일	inmun@jamobook.com
커뮤니티	cafe.naver.com/cafejamo
홈페이지	www.jamo21.net

ISBN 978-89-5707-798-6 (00300)
ISBN 978-89-5707-669-9 (set)

잘못된 책은 교환해드립니다.
저자와 협의하여 인지를 붙이지 않습니다.